保育者・小学校教諭を目指す人のための

音楽表現基礎

理論と実践の統合

著者　松本　岳志

はじめに

　本書は、保育者及び小学校教諭を目指す人が音楽の基礎力を身に付けるために作成されました。その内容は、「理論編」と「実践編」の2つで構成されています。

　理論編では、楽典（記譜や読譜に必要な様々な約束事や規則のこと。「音楽の文法」といわれています）について詳しく説明しています。ここには、一般的な保育者や教員養成用の音楽理論書では説明していないことも複数含まれています。それは楽典を学ぶ人の「なぜ？」にできる限り答えられるようにしたいという思いが根底にあるからです。例えば、「そもそもドレミって何？」「なぜ強弱記号のpianoが楽器の名前になっているの？」といった、誰でも疑問に感じることに触れています。本書を手に取った人に、少しでも楽典を学ぶことが面白い、興味深いと感じていただきたいと思っています。五線譜は、西洋の人々が無形である音楽を何とか形に残したいと叡智を絞って作り上げたものです。様々な工夫が詰まった五線譜の世界を知るということは、実はとても面白いことなのです。

　しかし近年、授業をしていて「ピアノ演奏の技術は高いのに読譜が苦手」「知らない曲に出合ったときは（読譜しようとせず）ネット上の動画を視聴する」という学生が増えたと感じています。もし、楽典の学びを軽視しているとしたら問題です。例えば、英会話は何となくできるけれど、文法は滅茶苦茶で英文も読めません、という人がいるとします。観光旅行くらいならその程度の英語力でも十分かもしれませんが、仕事で英語を用いるとなったら不都合が生じることは容易に想像できます。音楽も同じです。何となくピアノが弾けるというのは趣味で楽しむ程度なら問題ありませんが、子ども達に音楽を教えるとなれば話は別です。楽譜に記された楽曲を正確に再現できなければ、子ども達にその曲を誤って教える可能性があります。また、作曲者が曲に込めた思いや意図を読み取ることもできません。それでは、子ども達と一緒に歌唱しても表面的であり、曲の魅力を伝えることは難しいでしょう。ですから、保育・教育に携わる人には、理論をしっかりと理解し、楽譜に記された音楽を表情豊かに再現できる「表現者」になってもらいたいと願っています。

　後半の実践編では、まずピアノとギターの基本的奏法について触れています。保育士試験では、ピアノ・ギター・アコーディオンから選択できるにもかかわらず、保育者や教員養成機関では伴奏楽器＝ピアノという考えが定着しています。しかし、筆者はピアノ以外の伴奏楽器の有効性にもスポットを当てたいと常々考えているため、本書では、その中でも特に愛好者が多いギターを取り上げることにしました。

　次に、子どもの歌の「弾き歌い」に関する諸注意と、厳選した100曲を掲載しています。理論編での学びを生かしながら、少しでもレパートリーを増やしていただきたいと思います。最後に、器楽合奏について触れています。歌唱だけでなく器楽合奏を経験することは、音楽をする楽しさを倍増させます。器楽合奏を保育・教育現場に取り入れるためには、指導者が楽器の取り扱いや奏法、指揮法について把握しておく必要があるでしょう。

　保育・教育現場における音楽の指導者は、子ども達に歌うことや楽器を演奏することの楽しさ、面白さを感じ取れるようにしたり、楽曲の魅力を伝えられたりする技能が求められます。そのためには、まず指導者自身が優れた表現者にならなければいけません。質の高い保育・教育者を目指すにあたり、本書がその一助になれば幸いです。

筆者

目次

子どもの歌 曲目一覧

わらべうた （無伴奏譜）

コード伴奏課題曲 （左手伴奏空白譜）

器楽合奏曲
【使用楽器】
ミュージックベル・
ウィンドチャイム・ピアノ

【使用楽器】
タンブリン・鈴・トライアングル・
カスタネット・ウッドブロック・鉄琴・
小太鼓・大太鼓・ピアノ

【使用楽器】
モンキータンブリン・クラベス・
マラカス・ギロ・ウッドブロック・
木琴・小太鼓・大太鼓・ピアノ

子どもの歌 五十音順索引

器楽合奏曲

【使用楽器】
モンキータンブリン・クラベス・
マラカス・ギロ・ウッドブロック・
木琴・小太鼓・大太鼓・ピアノ

【使用楽器】
タンブリン・鈴・トライアングル・
カスタネット・ウッドブロック・鉄琴・
小太鼓・大太鼓・ピアノ

【使用楽器】
ミュージックベル・
ウィンドチャイム・ピアノ

理論編
第1章
音の高さ

　音楽は奏でられた次の瞬間には消えてしまう無形の存在です。楽譜はそれを書き留めるために考案されました。「楽譜が読める」とは、楽譜に書き留められた音楽を頭の中でイメージしたり、実際の音に再生したりすることが可能であることを意味します。楽譜を読めるようになれば、数百年も前に作曲された楽曲を現代に再生させることだってできる、そう考えるととても素晴らしいことに思えます。

　この章では、その第一歩として「音の高さ」について説明します。「五線譜」という名称の元となっている5本線は、音の高さを明確に表すために引かれています。この線上または線間のどこに音符を配置するか、またどの音部記号（ト音記号やヘ音記号）を用いるかによって音の高さが決まります。まずは、そうした基本的な知識から身に付けていきましょう。

1-1. 五線と加線

　五線譜は、5本の平行線(等間隔)が引かれ、その線上や線間に音符を配置することで音の高さを表します。配置される音符の位置が上に行くほど音は高く、下に行くほど音は低くなります。しかし、5本の線と4つの線間に配置できる音符数は9つしかありません。さらに記譜できる音域を広げる際には、**加線**(五線上下の短い線)を追加します。

　それぞれの線、線間、加線には名称があります。

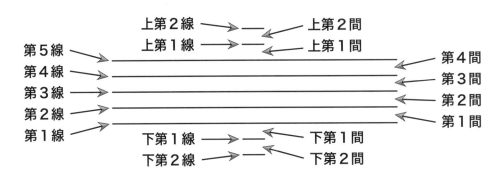

　加線は、理論的には何本でも追加することはできますが、4本以上ともなると読み辛い楽譜になってしまいます。様々な音域を書き記すために、**音部記号**やオッターヴァ (8va _ _ _ _) といった記号が用いられます(オッターヴァについては、理論編第4章「4-4. 奏法記号」を参照)。

1-2. 音部記号

　楽譜の最初(左端)に書かれている記号を**音部記号**といいます。音部記号の種類は複数あり、どの記号が用いられているかによって表される音域が決まります。

　例として、ピアノの楽譜を見てみましょう。ピアノの楽譜は上下2段(原則、上段が右手、下段が左手)になっており、多くの場合、上段が**ト音記号(高音部記号)**、下段が**ヘ音記号(低音部記号)**で書かれています。ト音記号の楽譜を**ト音譜表(高音部譜表)**、ヘ音記号の楽譜を**ヘ音譜表(低音部譜表)**といいます。この2つの譜表を組み合わせた2段の楽譜を**大譜表**といいます。

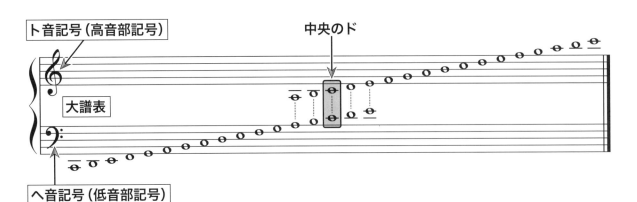

　上の譜例(大譜表)の中で、縦の点線でつながっている音符は同じ高さの音であることを示しています。しかし、用いられている音部記号(ト音記号とヘ音記号)によって、五線に配置される音符の位置が大きく異なることがわかります。例えば四角で囲われた「中央のド」と呼ばれる音は、ト音記号では下第1線上に、ヘ音記号では上第1線上に表されます。

1-3. 音名と階名

音名とは、それぞれの音の高さに付けられた固有の名前で、国（言語）によって異なります。現在、日本で広く使われているのは、イタリア語、日本語、英語、ドイツ語による音名です。7つの**幹音**（ピアノの白鍵にあたる音で、♯や♭を付けずに書き表せる）には、次のようにそれぞれ独立した名前が付けられています。

イタリア語	Do（ド）	Re（レ）	Mi（ミ）	Fa（ファ）	Sol（ソ）	La（ラ）	Si（シ）
日本語	ハ	ニ	ホ	ヘ	ト	イ	ロ
英語	C（シー）	D（ディー）	E（イー）	F（エフ）	G（ジー）	A（エー）	B（ビー）
ドイツ語	C（ツェー）	D（デー）	E（エー）	F（エフ）	G（ゲー）	A（アー）	H（ハー）

まずは、幹音の音名とピアノの鍵盤の位置を一致させて覚えましょう（ドイツ語の音名は、保育者や小学校教諭が用いる機会はほぼないので後回しにして構いません）。

鍵盤には**白鍵**と**黒鍵**があり、規則正しく並んでいます。白鍵と黒鍵は交互に配置されているように見えますが、「**ミとファ**」「**シとド**」の間には黒鍵がありません。そのため、黒鍵は2つのグループと3つのグループが交互に配置されているように見えます。まずは黒鍵の位置を頼りに、幹音の音名を覚えるとよいでしょう。

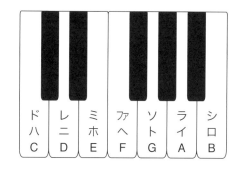

ギターには、ピアノの鍵盤のような規則性はありません。調弦（チューニング）の音とフレット（指板上の突起した線）間の音を地道に覚えるしかありません。異なる弦で同じ音を出すこともできるので、その点はピアノより複雑です。まずは右図の幹音から覚えましょう。5弦の3フレット（グレーの箇所）が「中央のド」です（詳細は、本章「資料1-2. 音符の高さと鍵盤・指板（ギター）の位置」及び実践編第1章「1-4. ギターの基礎」を参照のこと）。

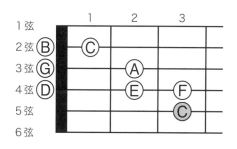

よく「ドレミ〜」を用いて歌唱することがありますが、その歌い方には「**固定ド唱法**」と「**移動ド唱法**」という2つの方法があります。固定ド唱法とは、**絶対的な音の高さ**を表す「音名」で歌唱する方法です。音名の位置は絶対変わらないので（＝固定されて動かない）、例えば「C」の音は必ず「ド」、「G」の音は必ず「ソ」と歌います。一方で、移動ド唱法は、長調・短調の主音となった音に対する**相対的な高さ**を表す「階名（これもドレミ〜）」で歌唱する方法で、「**階名唱法**（または**階名唱**）」ともいわれます。「ドレミ〜」の位置が、楽曲の調によって移動します（ハ長調・イ短調以外）。具体的には、長調の主音を「ド」、短調の主音を「ラ」と読み換えて歌います。小学校音楽科では、歌唱する際に適宜移動ド唱法を用いるため、小学校教諭を目指す人はこの唱法をしっかり理解しておく必要があります（調、主音、長調・短調等の詳細は、理論編第5章「音階と調」を参照）。

1-4. オクターヴ

オクターヴ（英語：Octave）は、「8番目」を意味するラテン語の「Octavus」から派生した言葉といわれており、完全8度音程のことを意味します（詳細は、理論編第6章「音程」を参照）。

例えば、「ド・レ・ミ・ファ・ソ・ラ・シ」と順次上行した次の音は再び「ド」になります。最初の「ド」と次の「ド」の**音の幅**をオクターヴといいます（最初のドから次のドまで8音あります）。「ド・シ・ラ・ソ・ファ・ミ・レ」と下行した次の音も再び「ド」になりますが、これも同じです。「オクターヴ上」や「オクターヴ下」といった言い方をします。

このオクターヴの関係にある2音は極めてよく協和し、まるで同音であるかのように聴こえます。また、オクターヴの関係にある音には、同じ音名が付けられています（詳細は、資料1-1.「音名対照表」を参照）。

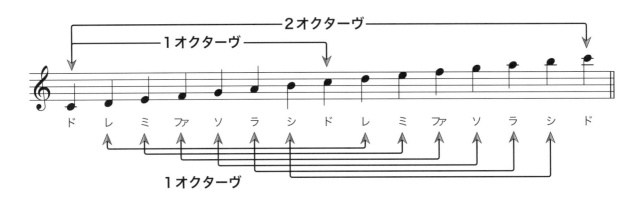

1-5. 半音と全音

半音とは、西洋音楽における**音程（2音間の隔たり）の最小単位**です。つまり、2音間の幅がもっとも狭いことを意味しています。ピアノの場合、（白鍵・黒鍵に関係なく）隣り合った2つの鍵盤、ギターでは同弦における隣り合ったフレットの幅ということになります。

図1の矢印は、半音の関係にある鍵盤です。全て、2つの鍵盤が隣り合った関係にあることが視覚的にもよくわかります。なお、1オクターヴには12個の半音が含まれています。

全音とは、半音2つ分の音程のことをいいます。
図2の矢印は、全音の関係にある鍵盤の例です。2つの鍵盤の間に黒鍵（図の①）または白鍵（図の②と③）が1つ挟まれていることがわかります。このような場合、2つの鍵盤は全音の関係です。

半音と全音の音程は、ピアノの鍵盤やギターのフレットであれば視覚的に理解しやすいですが、楽譜上の音符を見ただけでも、すぐにわかるようにしていきましょう。

図1：半音の音程

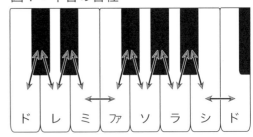

図2：全音の音程

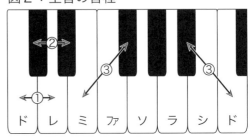

1-6. 変化記号

変化記号とは、音の高さに変化を加える記号です。半音上げたり下げたり、またはその変化を無効にする機能があります。変化記号は、音符のすぐ左側に書き加えられます。

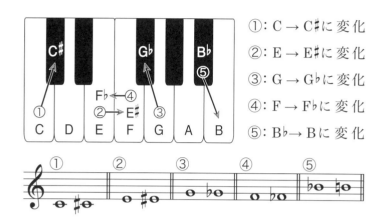

記号	名 称	意 味
♯	シャープ	半音上げる
♭	フラット	半音下げる
♮	ナチュラル	元に戻す

①：C → C♯に変化
②：E → E♯に変化
③：G → G♭に変化
④：F → F♭に変化
⑤：B♭→ Bに変化

上の鍵盤図を見てください。②のEとF♭は同じ鍵盤であるため、実際に奏でられる音の高さは同じです。しかし、楽譜上は区別されます。**「音名は異なるけれど実際には同じ高さの音」**のことを**異名同音**といいます。④のFとE♯も異名同音です。※実際の高さのことを**「実音」**といいます。

幹音に変化記号が付き、音の高さが変化した音を**派生音**といいます。変化記号が付くことによって音名も変わります。シャープ系の場合、イタリア語は「diesis（ディエージス）」、日本語は「嬰（えい）」、英語は「♯」、ドイツ語は「- is」を追加します。

イタリア語	Do diesis	Re diesis	Mi diesis	Fa diesis	Sol diesis	La diesis	Si diesis
日本語	嬰ハ	嬰ニ	嬰ホ	嬰ヘ	嬰ト	嬰イ	嬰ロ
英語	C♯	D♯	E♯	F♯	G♯	A♯	B♯
ドイツ語	Cis（ツィス）	Dis（ディス）	Eis（エイス）	Fis（フィス）	Gis（ギス）	Ais（アイス）	His（ヒス）

フラット系については、イタリア語は「bemolle（ベモッレ）」、日本語は「変（へん）」、英語は「♭」、ドイツ語は「- es」（母音のAとEは「s」のみ、Hに「♭」が付いたらBになります）を追加します。

イタリア語	Do bemolle	Re bemolle	Mi bemolle	Fa bemolle	Sol bemolle	La bemolle	Si bemolle
日本語	変ハ	変ニ	変ホ	変ヘ	変ト	変イ	変ロ
英語	C♭	D♭	E♭	F♭	G♭	A♭	B♭
ドイツ語	Ces（ツェス）	Des（デス）	Es（エス）	Fes（フェス）	Ges（ゲス）	As（アス）	B（ベー）

1-7. 変化記号の有効範囲

　音符に変化記号が直接付いていなくても、音の高さを変化させて演奏しなければならない場合があります。それは、変化記号が効力を発揮する範囲があるためです。この範囲について理解しておかないと、読譜を誤り、間違った演奏をすることになります。

① 小節内は有効

　五線に対して垂直に引かれた線を**小節線（縦線）**といいます。その線間が**小節**です。
　ある音に変化記号が付いた場合、その**小節内にある同音についても有効**となります。次の小節の同音には効力を発揮しません（譜例１）。グレーの矢印は、変化記号の有効範囲です。

譜例１　小節線　小節

② オクターヴ違う音には無効

　音符の左側に付けられた変化記号は、オクターヴ違う音には効力を発揮しません（譜例２）。

譜例２

③ タイで結ばれた音には有効

　同じ高さの音を弧線で結んだ記号のことを、「**タイ**」といいます。この記号で結ばれた同音はつなげて一つの音として演奏します。この場合は、小節線をまたいだとしても変化記号は有効で、タイが終わるまで効力は引き延ばされます（譜例３）。

譜例３

④ 調号による変化

　調号（調子記号ともいう）とは、音部記号（ト音記号やヘ音記号）のすぐ右側に用いられる「♯」または「♭」のことをいいます（詳細は、理論編第５章「5-4. 調号①」「5-5. 調号②」を参照）。
　音符の左側に付される変化記号と異なり、**調号は同じ音名の音全てに対して有効です**。例えば、第３線のシ（ロ・B・H）に「♭」が付いた場合、第３線の音だけでなくオクターヴ上の上第２間やオクターヴ下の下第２間も変ロ・B♭・Bに変化させて演奏しなければいけません（譜例４）。

譜例４　調号

🎼 資料 1-1. 音名対照表

　ピアノは、白鍵と黒鍵合わせて88鍵あります。西洋音楽で用いられる全ての音域を奏でられる唯一の楽器です。全部で88音ということは、7オクターヴ以上もの広い音域があることになります。7オクターヴ以上の音高を全て音名で表すため、言語ごとに様々な工夫がされています。

　下の「音名対照表」を見てください。日本語の音名「イロハ…」は、片仮名か平仮名、また上下に点を付けることでどの高さの音名であるか区別できるようにしています。ちなみに、「中央のド」は、「一点ハ」と読みます。国際式は、「ABC…」の音名に数字を付けています。ドイツ式は、アルファベットの大文字と小文字、そして数字の組み合わせで表しています。

音名対照表

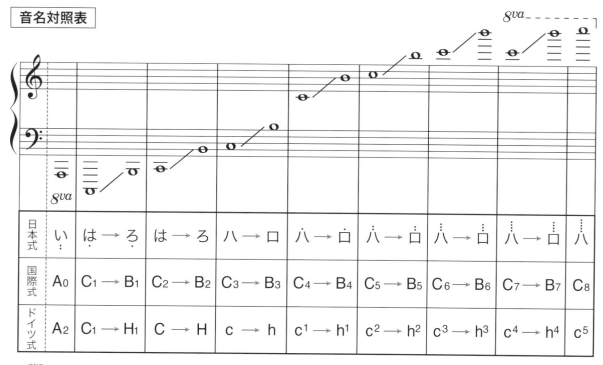

日本式	い	は → ろ	は → ろ	ハ → ロ	ハ → ロ	ハ → ロ	ハ → ロ	ハ → ロ	ハ
国際式	A_0	$C_1 → B_1$	$C_2 → B_2$	$C_3 → B_3$	$C_4 → B_4$	$C_5 → B_5$	$C_6 → B_6$	$C_7 → B_7$	C_8
ドイツ式	A_2	$C_1 → H_1$	$C → H$	$c → h$	$c^1 → h^1$	$c^2 → h^2$	$c^3 → h^3$	$c^4 → h^4$	c^5

$8va_{---}$ = オッターヴァ。音符の上に $8va$ の記号がある場合、点線が終わる箇所まで1オクターヴ上で演奏します。音符の下にある場合は、1オクターヴ下で演奏します（詳細は、理論編第4章「様々な記号・用語」の「4-4. 奏法記号」⑦を参照）。

COLUMN

ドレミを記入するのはNG

　あなたが学校で国語や英語を勉強した際、全ての漢字や英単語にルビ（読み仮名）を振っていましたか？ そんな行為はとても恥ずかしいことですし、漢字や英単語を覚えることにつながらないことは明らかです。実は、楽譜を読む際に同じような行為をする人がいます。

　ピアノのレッスンをしていると、全ての音符に音名（ドレミ）を書く人を時々見かけます。これは、漢字や英単語に読み仮名を振って、何とか読めるようにしているのと同じ行為で、五線譜上の音符そのものから音の高さを読み取るのではなく、手書きの音名を読んでいるに過ぎません。しかし、音名（ドレミ）だけではオクターヴの違いを判別できず、誤った読譜をする可能性がありますし、リズムがいい加減になることもあるでしょう。漢字や英単語は毎日のように勉強したからこそ、徐々に読めるようになったはずです。楽譜も同じです。地道に読む努力をして、楽譜上の音の高さを覚えていく必要があるのです。

資料 1-2. 音符の高さと鍵盤・指板（ギター）の位置

五線譜に示された音符とピアノの鍵盤の位置を一致させましょう。

前にも触れましたが、五線譜に配置された音符の位置が上に行くほど音は高く、下に行くほど音は低くなります。ピアノの鍵盤は、右に行くほど音が高く、左に行くほど音が低くなります。

ト音譜表（高音部譜表） ※グレーの鍵盤を**中央のド**とする。

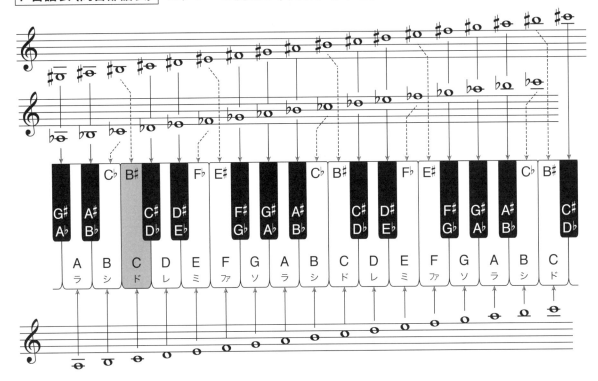

ヘ音譜表（低音部譜表） ※グレーの鍵盤を**中央のド**とする。

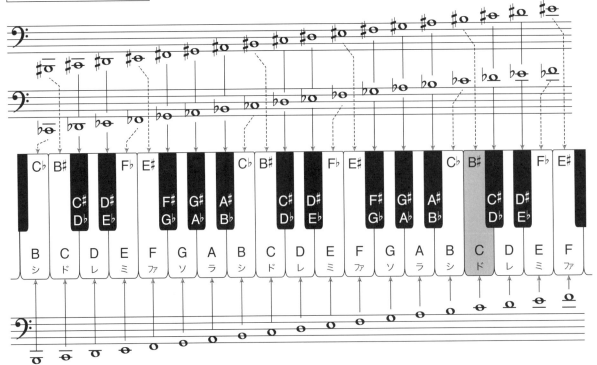

　五線譜に示された音符とギターの指板の位置を一致させましょう。ここでは、同一弦上の1オクターヴ(12フレット)の範囲まで記載しています。ギターの弦は、高い方から1弦、低い方が6弦です。開放弦は、その弦で弾ける最低音です。フレット(指板上の突起した線のこと)は、半音ごとに区切られています。

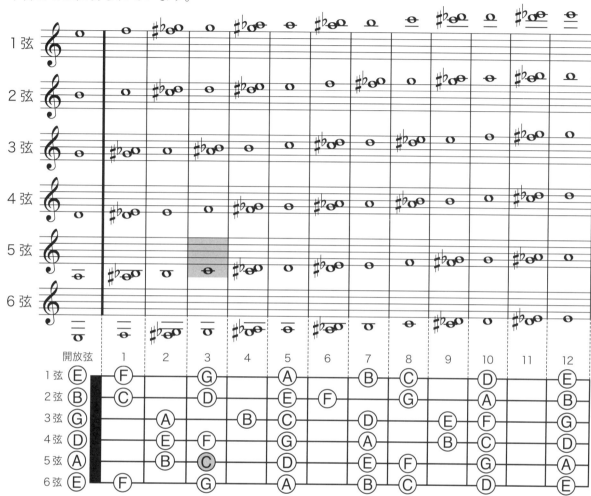

※指板上の派生音の音名は省略しています。

PLUS ALPHA

音部記号の形状

　ト音記号は、「G」の文字が変形したものです。第2線のところが渦巻き状になっており、この線上がG＝トであることを示しています。ヘ音記号は、「F」の文字が変形したものです。記号の書き始め、そして2つの点が第4線を挟んでおり、この線上がF＝ヘであることを示しています。

ダブル・シャープとフラット

　実は、変化記号には♯・♭・♮の他に、まだ2種類あります。𝄪(ダブル・シャープ)と♭♭(ダブル・フラット)です。𝄪は半音2つ分上げ、♭♭は半音2つ分下げます。

複縦線と終止線

　小節線は、通常の小節の区分けに用いられる縦線の他に、複縦線(上の図)と終止線(下の図)があります。複縦線は、速度・拍子・調号の変化、またコーダやセーニョ記号(詳細は理論編第4章「4-1. 反復記号」を参照)を用いる際に使用されます。終止線は、その名の通り曲の終わりを意味します。

HISTORY

「ド・レ・ミ」は、どこから？

　日本語の音名は「イロハ…」、英語とドイツ語はアルファベットを用います。イタリア語もアルファベットを使う言語なのに、なぜ音名は「Do, Re, Mi …」なのでしょう。

　最初に音の高さに名前を付けたのは、中世イタリアの音楽教師・音楽理論家・修道僧であったG. ダレッツォ (991(992?)〜1050) です。彼が活躍した当時は、ヘクサコード (6音音階) という音階を用いていました。この音階は、6つの音のうち第3音と第4音の間が常に半音で、それ以外は全音でできています。彼は、この音階の各音の特徴を理解させ、視唱しやすくするために音名を考案しました。

　彼は音名を付けるにあたって、8世紀頃から歌われていた「聖ヨハネ賛歌」という曲に着目しました (下の楽譜)。なぜなら、この曲にはそれぞれのフレーズの開始音がヘクサコードの各音で始まっているという特徴があったからです。彼は、それぞれのフレーズの最初の歌詞 (ラテン語) から各音に「Ut, Re, Mi, Fa, Sol, La」と音名を付けました。

　ここで、あれ？　Siは？　Doは？　と疑問に思うことでしょう。実は、「Si＝シ」は17世紀頃に成立したようなので (あまりはっきりしない)、おそらくこの頃に追加されたと推測されます。歌詞にある「Sancte Johannes」のSとJ (Iの異字体) を合わせて「Sj → Si」になったと考えられています。また、「Ut」はイタリア人にとって発音し辛い語らしく、17世紀半ば頃に「Dominus (「主」を表す語)」の最初の音を用いて「Do」に変更されたようです。

PLUS ALPHA

八音記号

　音部記号には、ト音記号とヘ音記号の他に、「ハ音記号」があります。2つの曲線が上下に合わさるような形をしており、その曲線が合わさる第3線が「ハ」＝「中央のド」であることを示しています。

練習問題 1-1

【問題1】

次の音符①〜⑩の音名（日本語と英語）を表内に書き入れなさい。

	①	②	③	④	⑤	⑥	⑦	⑧	⑨	⑩
日本語										
英語										

【問題2】

次の楽譜 **A** 〜 **D** の〔　〕内に音名（ド・レ・ミ〜）を書き入れなさい。

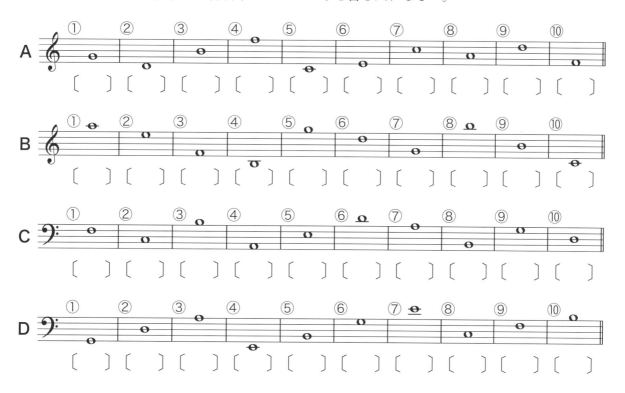

【問題3】

次の音符①〜⑩の1オクターヴ上の音符をト音譜表に、1オクターヴ下の音符をヘ音譜表に書き入れなさい。

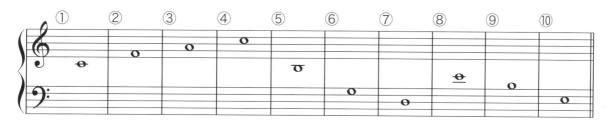

練習問題 1-2

【問題1】

下のピアノの鍵盤図には、番号が振られています。次の楽譜 **A 〜 F** をピアノで弾くとき、何番の鍵で弾くのか〔　〕内に答えなさい。※グレーの鍵 (④) を「中央のド」とします。

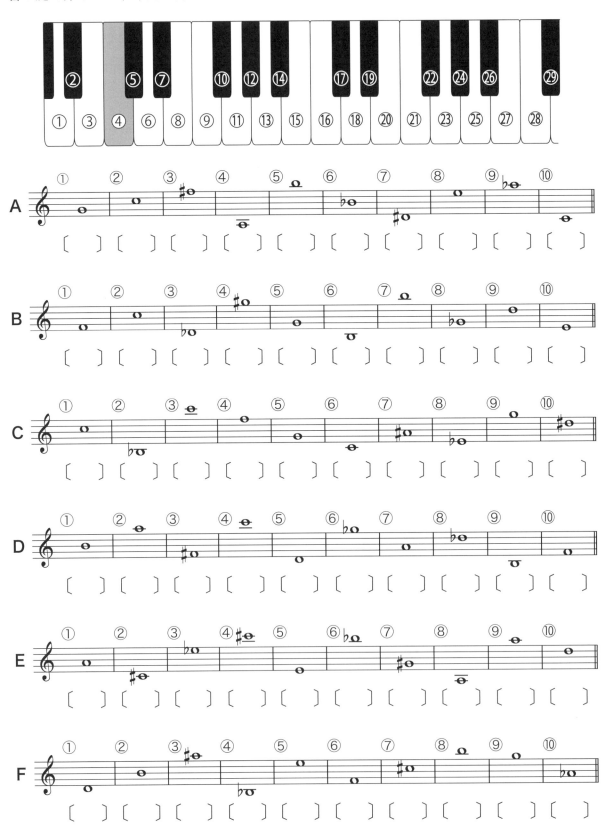

練習問題 1-3

【問題1】

　下のピアノの鍵盤図には、番号が振られています。次の楽譜A〜Fをピアノで弾くとき、何番の鍵で弾くのか〔　〕内に答えなさい。※グレーの鍵(㉖)を「中央のド」とします。

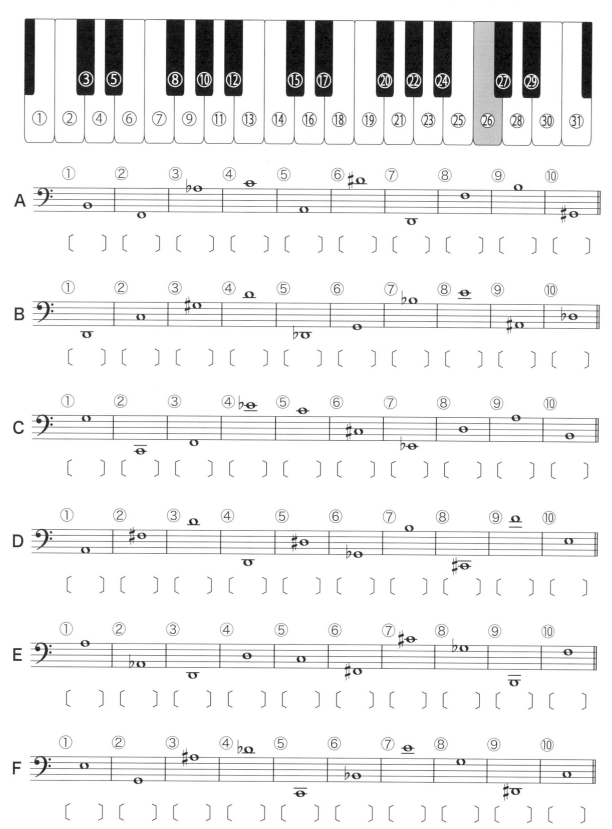

練習問題 1-4

【問題1】

次の2音①～⑩の音程（2音間の隔たり）を、〔　〕内に「半音」または「全音」で答えなさい。なお、①～⑤はト音譜表、⑥～⑩はへ音譜表なので注意すること。

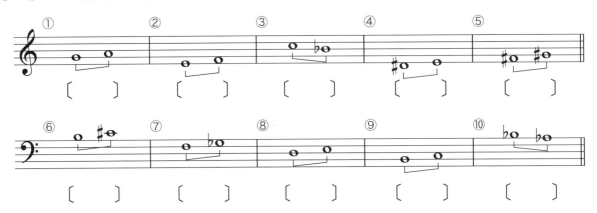

【問題2】

次の音①～⑤の異名同音を譜面上の（　）内に書き入れなさい。

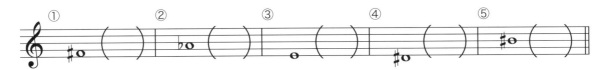

【問題3】

次の楽譜A～Dをピアノで弾くとき、黒鍵で弾く音符を○で囲みなさい。

理論編
第2章
音の長さ（音価）

　第1章では、「音の高さ」について取り上げました。「高さ」とは音楽における「縦」のことを意味します。ここからは、「音の長さ（音価）」＝「横」についての説明をします。「音の長さ（音価）」は、音符・休符、及び拍子やテンポ（演奏速度）によって決まります。この章では、まず基本的な音符と休符について理解することにしましょう（拍子とテンポは、第3章で学びます）。

　日本人は音符のことを「おたまじゃくし」などと呼ぶことがあります。国語辞典にも「音符の俗称」と記載されています。読譜することのない人ならそのような呼び方でも構いませんが、保育・教育に関わる人がそれでは困ります。読譜力を身に付ける次のステップは、音符と休符の名称・記号・長さ等を正確に覚えることです。

2-1. 音符

音符各部の名称

音符は、演奏者がその長さを瞬時に認識することができるように、それぞれ形が異なります。記号（音符）を構成する各部には、それぞれ名称があります。下の図をよく見て、それぞれの記号の特徴と名称、長さをセットで覚えましょう。

① 譜線上に配置され、音の高さを示す部分が「**玉（符頭）**」です。長さによって白と黒があります。

② 玉（符頭）から伸びている垂直線が「**棒（符尾）**」で、全音符以外に付いています。玉（符頭）が五線に配置される位置等によって、棒（符尾）が伸びる上下の方向や長さが決まります。

③ 棒（符尾）の右側についているのが「**旗（符鉤（ふこう））**」です。この旗（符鉤）の本数は、8分音符は1本、16分音符は2本になります。

④ 玉（符頭）のすぐ右横に付けられる点が、「**付点**」です。この点が付くことによって、その音符の長さが1.5倍に変化します（詳細は、本章「2-3. 付点」を参照）。

音符の長さはそれぞれ「何秒」というように**絶対的な長さが決まっているわけではなく、拍によって決まります**。その拍の取り方は拍子によって、また1拍の長さはテンポ（演奏速度）によって決まります（詳細は、理論編第3章「3-1. 拍（ビート）」を参照）。ここではまず、それぞれの**音符の相対的な関係**を理解しましょう。それぞれの音符の長さについては、**4分音符を1拍とした**際のものを記載してあります（拍子によって基準の音符＝1拍とカウントする音符は変わります）。

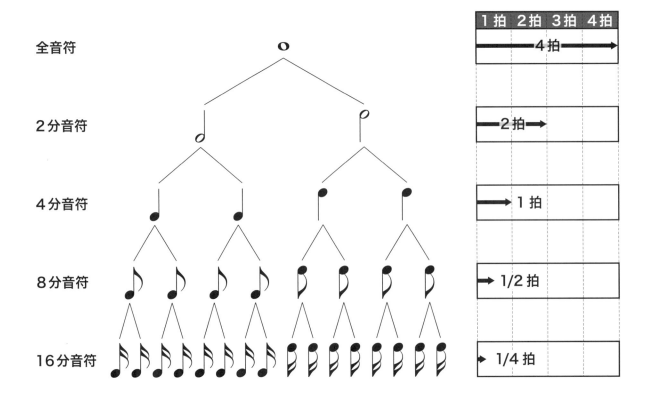

2-2. 休符

　下の図と「2-1. 音符」の図を見比べればわかる通り、**休符は音符と同じように長さを示す記号**です。休符は無音（演奏者が音を出さない）の長さを表しているので、演奏者はその長さを（音符と同じように）しっかりと意識しなければいけません。「休み」だからその間何もしなくてよいということではなく、演奏者はその長さをカウントする必要があります。休符＝無音も音楽を構成するとても重要な要素なのです。ここでは、**4分休符を1拍とした際**のものを記載してあります。

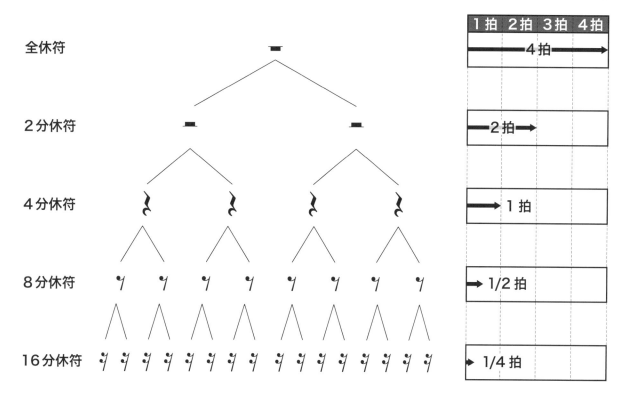

2-3. 付点

　音符と休符のすぐ右横に点が付いていることがあります。これを「付点」といいます。この点が付いた場合、点の付けられた音符または休符の**1/2の長さが追加**されたことになります。つまり、**長さが1.5倍になる**と考えればよいでしょう。例えば、2分音符に点が付いた場合、名称は「付点2分音符」となり、その長さは2拍＋1拍で3拍（※）の音符になると考えます。または、2拍×1.5＝3拍でもよいです。※4分音符を1拍としたときの長さで計算。

2-4. 記譜上の決まり事①

音符を書く際には、いくつかの決まり事（ルール）があるので覚えておくとよいでしょう。

① 棒（符尾）の向き

原則として、玉（符頭）の位置が第3線よりも下にある場合は棒（符尾）は上向きに（Ⓐ）、第3線よりも上にある場合は下向きに（Ⓑ）伸びます。第3線上の場合は、下向きです（Ⓒ）。

ただし、これは原則であって例外となるケースも多々あります。

② 棒（符尾）の位置

棒（符尾）が上向きの場合、玉（符頭）の右側から（Ⓓ）、下向きの場合は左側から（Ⓔ）伸びます。

③ 棒（符尾）の長さ

通常、棒（符尾）の長さは3間半程度ですが、加線の多い音符では読み辛いため（Ⓕ）、第3線まで伸ばします（Ⓖ）。また、本章「2-5. 連桁」にあるように、旗（符鉤）をつなげて書く場合には、連桁によってつながった音符の高さによって長さが変化します。

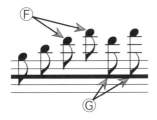

④ 旗（符鉤）の向き

旗（符鉤）は必ず棒（符尾）の右側です（Ⓗ）。

棒が上向きの場合、旗は下に（Ⓘ）、棒が下向きの場合は上に（Ⓙ）伸びます。

⑤ 付点の位置

玉（符頭）が線間にある場合、付点は玉のすぐ右側に書きます（Ⓚ）。しかし、玉が線上の場合は線と重なってしまうため、すぐ上の線間に書きます（Ⓛ）。

2-5. 連桁

旗（符鉤）の付く音符は、**連桁**（れんこう）という横線でつなげて書くことができます。**旗と連桁の本数は、同数**です（①・②）。旗の付く音符が連続すると読み辛く、またリズムや拍がわかりにくいためです（譜例1）。ただし、旗の音符を全て連桁でつなげてよいというわけではなく、拍がわかるようにつなげます（詳細は、理論編第3章「3-8. 記譜上の決まり事②」を参照）。

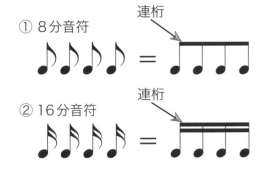

譜例1

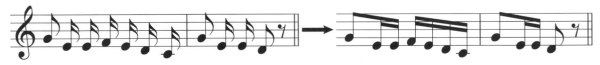

「どんぐりころころ」より

PLUS ALPHA

その他の音符と休符

　本章「2-1. 音符」と「2-2. 休符」で取り上げた音符と休符は合計10個です。子どもの歌はもちろんのこと、多くの楽曲はこの10個をしっかりと覚えておけば十分です。しかし、滅多に出合うことはありませんが、実はまだ他にも音符と休符は存在します。

倍全音符と倍全休符	32分音符と32分休符	64分音符と64分休符

　4分音符を1拍としたとき、倍全音符と倍全休符は8拍、32分音符と32分休符は1/8拍、64分音符と64分休符は1/16拍ということになります。

複付点

　音符及び休符のすぐ右側に付けられる「付点」は、多くの場合1つですが、極まれに2つのことがあります。これを「複付点」といいます。その長さは、点の付いた音符または休符の1/2と1/4（つまり3/4）が追加された長さに変化します。1.75倍になると考えてもよいでしょう。2分音符と4分音符の複付点の場合、下のような計算になります。

練習問題 2-1

【問題1】

　空欄に音符または休符の名称、記号、長さ（拍）を書き入れ、表を完成させなさい。なお、長さについては、4分音符及び4分休符を1拍としたときのものを書くこと。

	音符の名称	記号	長さ
①		o	拍
②			3 拍
③		𝅗𝅥	拍
④	付点4分音符		拍
⑤			1 拍
⑥		♪.	拍
⑦	8分音符		拍
⑧		𝅘𝅥𝅯	拍

	休符の名称	記号	長さ
⑨			1/4 拍
⑩		𝄾	拍
⑪			3/4 拍
⑫	4分休符		拍
⑬			1と1/2 拍
⑭		𝄼	拍
⑮	付点2分休符		拍
⑯		𝄻	拍

練習問題 2-2

【問題1】

〔　〕内に適切な音符を一つ書き入れ、次の①～⑩の式を完成させなさい。

① ○ = ♩. + 〔　　〕

② ♩. = ♪ + ♪ + 〔　　〕

③ ♩ = 〔　　〕 × 4

④ ♩ = ♪ + 〔　　〕

⑤ 〔　　〕 = ♩ × 2

⑥ ♪. = ♪ + ♪ + 〔　　〕

⑦ ♩. = ♩ + ♪ + 〔　　〕

⑧ ♩ = 〔　　〕 × 4

⑨ 〔　　〕 = ♩ × 3

⑩ ♩ = ♩. + 〔　　〕

【問題2】

〔　〕内に適切な休符を一つ書き入れ、次の①～⑩の式を完成させなさい。

① 𝄽 = 𝄾 + 〔　　〕

② 𝄻 = 𝄻 + 𝄽. + 〔　　〕

③ 𝄾 = 𝄿. + 〔　　〕

④ 〔　　〕 = 𝄿 × 4

⑤ 〔　　〕 = 𝄿 × 3

⑥ 〔　　〕 = 𝄽. + 𝄾

⑦ 𝄾. = 𝄿 + 𝄿 + 〔　　〕

⑧ 𝄽. = 〔　　〕 × 6

⑨ 〔　　〕 = 𝄾. × 2

⑩ 〔　　〕 = 𝄾 + 𝄿. + 𝄿

理論編
第3章
拍子とリズム

　音符や休符の長さは何秒といった絶対的な長さではなく、「拍（ビート）」の長さで決まります。拍とは、音楽の時間の流れにおける基本単位です。拍の長さは、テンポ（演奏速度）によって決まります。そして、その拍に規則的なアクセントを付けることで「拍子」になります。この拍子の中で、音の長短の様々なパターンが奏でられるとき、リズムが発生します。リズムとは、一定の拍子の中で、音の長短、休み、強弱を付けた音等が組み合わされてできるパターンの反復のことをいい、音楽を形作る根本的な要素といわれています。

　なお、「音楽の三要素」は、リズム・メロディ・ハーモニーです。その重要な要素「リズム」についてしっかりと理解することは、これから音楽を実践する上で極めて重要です。

3-1. 拍（ビート）

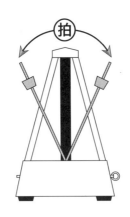

　時計の秒針や心臓の鼓動、それからメトロノームのように時間の流れを一定の間隔で規則的に刻むものを「**拍（ビート）**」といいます。音楽の「横」の流れは、常にこの拍が根底にあります。例えば、指揮者の大切な役割の一つに、この「拍を全演奏者に示すこと」というのがあります。この拍が揃わなければ、テンポ（演奏速度）が個々によってバラバラになり、演奏が崩壊してしまうからです。独奏であっても、奏者は常にこの拍を心の中で刻みながら演奏する必要があります。

　西洋音楽では、この拍に規則的なアクセントを付け、「**強拍**」にすることによって「**拍子**」を生み出します。その強拍の間にある拍を「**弱拍**（アクセントが付かない）」とします。強拍の間に弱拍がいくつ入るか、それによって何拍子かが決まります。

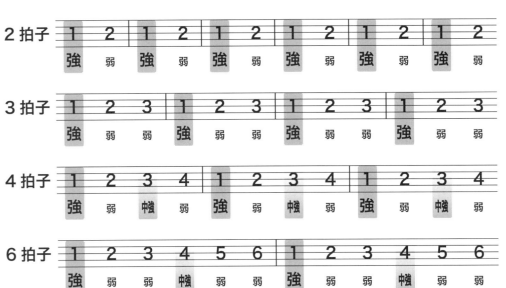

五線譜は、**拍子の一まとまりごとに小節線（縦線）によって区切られています。**どの拍子も必ず1拍目が強拍のため、この縦線があることによって強拍の位置を把握することができます。

　2拍子と3拍子は、強弱拍の配置が単純なため「**単純拍子**」といいます。単純拍子の基本単位となる音符は、4分音符のような**単純音符**（＝付点音符ではない音符）です。6拍子は、3拍子2つと考えることができます。このように同じ単純拍子が複数合わさったものを「**複合拍子**」といいます（詳細は、本章「3-4. 複合拍子」を参照）。複合拍子の基本単位となる音符は、付点4分音符のような**付点音符**です。なお、4拍子を2拍子2つと考えていた時代もありましたが、現在では単純拍子に含まれています。

3-2. 拍子記号

　楽譜の冒頭部分は、音部記号→（調号）→拍子記号の順番で書かれています。拍子記号は、分数のように数字を上下に書き「4分の3拍子」などと読みますが、分数ではありません。上下の数字にはそれぞれ表しているものがあります。

　下の数字は、**基本単位となる音符**を表します。もし、「4」と書いてあれば、その曲は4分音符を1拍とカウントします。なお、付点音符は数字で表せないため、必ず単純音符で表されます。上の数字は、各小節における**拍数**を表しています。

各小節の拍数

基本単位となる音符

3-3. 単純拍子

　子どもの歌で用いられるのは、ほとんどが**単純拍子**です。具体的には、2/4・3/4・4/4拍子です。拍子記号の下の数字が「4」なので、4分音(休)符を1拍とする拍子ばかりです。理論編第2章で、音(休)符の長さを「4分音(休)符＝1拍」で説明しているのは、○/4拍子が数多くの曲で用いられているからです。ですから、まずこれらの単純拍子から理解していきましょう。

　まれに、2/2拍子で書かれた子どもの歌に出合うこともあるので、併せて以下に説明します。

　下の譜例を見てください。楽譜の上の数字は、拍子です。五線上の音符は、同一音符の場合、1小節内にいくつ入るか示しています。音符の下には、その拍子における音符の長さを記してあります。グレーの小節は、1拍となる基本単位の音符が書かれている箇所です。

① 2/4拍子

　4分音符を1拍とし、その拍が1小節に2つ入る2拍子です。子どもの歌では、元気のよい歌や行進曲(風)の歌によく用いられています。

② 3/4拍子

　4分音符を1拍とし、その拍が1小節に3つ入る3拍子です。3拍子は元々日本にはない拍子でしたが、西洋文化が流入して以降、「ぞうさん」や「うみ」などの名曲が作られるようになりました。

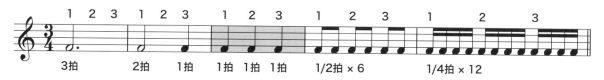

③ 4/4拍子

　4分音符を1拍とし、その拍が1小節に4つ入る4拍子です。もっとも多くの楽曲で用いられている拍子です。子どもの歌でも上記2つの拍子以外は、ほぼこの拍子で書かれています。

④ 2/2拍子

　2分音符を1拍とし、その拍が1小節に2つ入る2拍子です。2分音符を1拍とするので、相対的に全音符が2拍、4分音符が1/2拍、8分音符が1/4拍になるため要注意です。行進曲や「小さな世界」のような軽快な曲で用いられます。

3-4. 複合拍子

理論編第2章「2-1. 音符」と「2-2. 休符」の各相関図を振り返ってください。音（休）符は、もっとも長い全音（休）符から順に、2分割の繰り返しでできています（例：全音符を2分割したのが2分音符、それをさらに2分割したのが4分音符）。

譜例1を見てください。3/4拍子は、4分音符を1拍とする3拍子です。この拍を2つに分割することは容易です。8分音符にすればよいのです。

譜例1

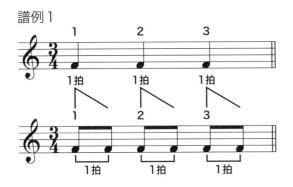

しかし、1拍を3分割するのは音符と休符の成り立ち上、容易ではありません。本章「3-7. 連符」で取り上げますが、3分割できないわけではありません。ただし、この連符を全ての拍に用いるのは読譜し辛くなるため、適切とはいえません。では、基本単位の音符を単純音符ではなく、付点音符を用いたらどうでしょう。

例えば、付点4分音符を1拍とカウントするとします。付点4分音符は8分音符3つと同じ長さですから、1拍を3分割することが容易になります。

もし、付点4分音符を1拍とする2拍子の楽譜を書くとしたら、譜例2のようになるかもしれません。これなら1拍を3分割することが容易な楽譜になります。しかし、問題は拍子記号です。拍子記号の下の数字は、基本単位となる単純音符を数字で書くため、譜例2のような書き方はできません。そこで、便宜的手段として8分音符を用いて表します。つまり、6/8拍子と表記するのです。

譜例2

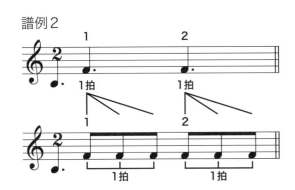

6/8拍子

拍子記号の数字から8分音符を1拍とする6拍子のように見えますが、付点4分音符を1拍とし、その拍が1小節に2つ入る**2拍子**です。ゆったりとした曲等の場合には、8分音符6つを拍として感じながら演奏することもありますが、大きく2拍子で拍を取るのが基本です。子どもの歌では、「思い出のアルバム」にこの拍子が用いられています。

PLUS ALPHA

拍子の記号表記

拍子が数字ではなく記号で表記されることがあります。①コモンタイム（Common Time）と②アッラ・ブレーヴェ（Alla breve）です。①は4/4拍子と、②は2/2拍子と同じです。

3-5. 強起と弱起

　強拍から始まる曲を「**強起の曲**」、弱拍から始まる曲を「**弱起の曲**」といいます。

　例えば、譜例1の「お正月」は、強拍（1拍目）から始まっているので、強起の曲です。譜例2の「大きな古時計」は、4/4拍子なので1小節に4分音符4つ分の音（休）符が入るはずですが、最初の小節には4分音符（＝1拍）1つしか書かれていません。このような小節を**不完全小節**といいます。曲の最後の小節も付点2分音符（＝3拍）しかないため、これも不完全小節です。曲の最初と最後の小節を足すと完全小節になります。つまり、この曲は4拍目（弱拍）から始まっていると考えることができます。

3-6. シンコペーション

　譜例1・2のように、同じ高さの弱拍と強拍が一つに結ばれると、弱拍が強く、強拍が弱く聴こえるようになります（点線内）。この逆転箇所を**シンコペーション**といいます。これは同じ小節内で起こる場合もあれば（譜例1）、タイで2小節にまたがって起こる（譜例2）こともあります。本来の拍の強さと異なる感じになるため、曲の流れに意外性が生まれるという効果があります。

　8分音符（1/2拍）のリズムを正確に打つには、譜例3の①のように拍（数字）の間の音符を「と」と発音してカウントするとよいでしょう。俗に、数字の箇所が表拍、「と」の箇所が裏拍と呼ばれています。この裏拍と表拍が結ばれた状態（②）も、シンコペーションです。

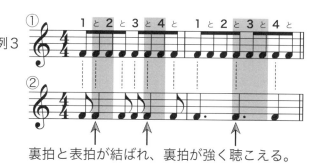

裏拍と表拍が結ばれ、裏拍が強く聴こえる。

3-7. 連符

　単純音符（付点ではない音符のこと）は2分割系であると、理論編第2章と本章で説明しています。しかし、単純拍子の曲において一部だけ拍を3分割する、もっと細かく5〜7分割することはできるのか、そうした疑問は当然出てきます。それらは、**連符**を用いれば可能です。

① 3連符

　子どもの歌では、4分音符1拍を3分割する「**3連符**」がよく用いられています。4分音符を3分割する際には便宜的に8分音符を用い、3連符であることを示す「3」を連桁・符鉤の側に記載します（Ⓐ）。その書き方にはⒷのように数字だけの場合もあれば、Ⓒのように括弧で、またⒹのように弧線で範囲が示されることもあります。Ⓔは休符が入った場合の記譜例です。

② 5連符・6連符・7連符

　子どもの歌では、ピアノ伴奏符（本格伴奏）で極まれに見ることはあります。4分音符を5〜7分割する場合には16分音符を用いて、分割した数字を記載します。

3-8. 記譜上の決まり事②

　楽譜を書く際、**拍の位置ができるだけ明確になるように**するため、いくつか決まり事があります。読譜の際にも非常に役立つので、拍子ごとに譜例を用いて説明していきます。

① 2/4拍子

㋐ Aは2拍目がわかりやすいですが、8分音符のみが規則的に並んでいればBのようにつなげてもよいです。

㋑ 16分音符では音符数が多くCだと拍がわかり辛いため、Dのように拍の頭を明確にします。

㋒ 複雑なリズムの場合は、Eのように連桁でつなげず、Fのように拍ごとにまとめます。

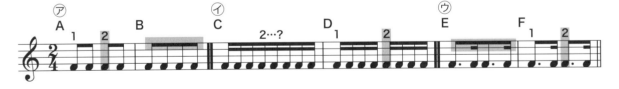

㋓ Gは2拍目がわからないため、Hのように分けます。

㋔ Iは2拍目がわからないのでJのように分けますが、音符の場合（K）は分けなくて構いません。

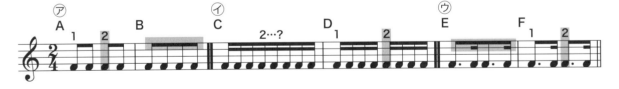

② 3/4拍子

㋕ **A**だと拍がわかりやすいですが、**B**や**C**のようにつなげても構いません。

㋖ 複雑なリズムの場合は、**D**のように連桁でつなげず、**E**のように拍ごとにまとめます。

㋗ **F**は3拍目がわからないため、**G**のように分けます。

㋘ **H**は3拍目がわからないので**I**のように分けますが、音符の場合（**J**）は分けなくて構いません。

③ 4/4拍子

㋙ **A**では連桁でつなげ過ぎて3拍目（中強拍）の位置がわかり辛いため、**B**のように分けます。

㋚ **C**では3拍目（中強拍）の位置がわからないため、**D**のようにタイを用いて明確にします。

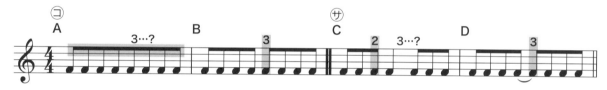

㋛ **E**は3拍目がわからないので**F**のように分けますが、音符の場合（**G**）は分けなくて構いません。

㋜ **H**は3拍目がわからないので**I**のように分けますが、音符の場合（**J**）は分けなくて構いません。

④ 6/8拍子

㋝ **A**は2拍目の位置がわからず**B**は3/4拍子に見えます。**C**のように2拍子に見えるようにします。

㋞ **D**は2拍目の位置がわからず、また3/4拍子に見えます。**E**のようにタイを用いて解決します。

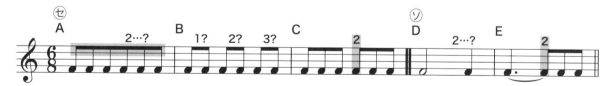

㋟ **F**は2拍目の位置がわからず、また3/4拍子のように見えます。**G**のように2拍目を明確にします。

㋠ **H**は2拍目の位置がわかりません。**I**のように2拍目を明確にします。

㋡ **J**のように休符をまとめず、**K**のように8分休符で分けます。

3-9. テンポ①（メトロノーム記号）

メトロノーム記号とは、**拍の単位となる音符**と**1分間あたりの拍数**を数字で表したものです。①のように曲の冒頭、拍子記号の上に記載し、曲の**テンポ（演奏速度）**を厳格に示します。

♩ = 120 ← この場合は、「4分音符を1拍とし、その拍を1分間に120回打つ速さ」を意味します。拍子記号は下の数字で拍の基本となる音符を示していますが、その拍の長さはメトロノーム記号や速度標語（下の「速度標語」を参照）によって示されます。

① 𝄞 4/4

② ♩ = 90 ca. ← ②の例のように、数字の後に「ca.」が付くことがあります。これはラテン語の「circa（チルカ）」の略で、「約、およそ」という意味です。

3-10. テンポ②（速度標語）

テンポは、**速度標語**で表すこともあります。速度標語は、作曲者が自国の言語で書くこともありますが、多くの場合、イタリア語が用いられます。代表的なものは次の通りです。

	標 語	読 み 方	意 味
遅	**Largo**	ラルゴ	幅広くゆるやかに
	Lento	レント	遅く、ゆるやかに
	Adagio	アダージョ	ゆるやかに、穏やかに
	Andante	アンダンテ	ゆっくり歩くような速さで
中	**Moderato**	モデラート	中くらいの（適度な）速さで
	Allegretto	アレグレット	やや速く
	Allegro	アレグロ	速く
	Vivace	ヴィヴァーチェ	生き生きと、活発に、速く
速	**Presto**	プレスト	急速に

速度標語は言葉なので、メトロノーム記号のように厳格に速度を表すことはできません。ですから、音楽家によって捉え方に幅ができてしまいます。
目安は、次の通りです。
Largo = 44 ～ 46 ca.
Lento = 52 ～ 54 ca.
Adagio = 56 ～ 58 ca.
Andante = 66 ～ 76 ca.
Moderato = 90 ～ 100 ca.
Allegretto = 104 ～ 108 ca.
Allegro = 132 ～ 138 ca.
Vivace = 160 ～ 168 ca.
Presto = 176 ～ 184 ca.
メトロノームや参考文献によって若干異なります。

その他に、曲の途中でテンポを変化させる標語（①～④）や、速度標語に添えて用いられる言葉（⑤～⑧）があります。どちらも多数あるので、代表的なものを次に紹介します。

	標 語	読 み 方	意 味
①	*accel.*	アッチェレランド	*accelerando* の略。だんだん速く
②	*rit.*	リタルダンド	*ritardando* の略。だんだん遅く
③	*riten.*	リテヌート	*ritenuto* の略。すぐに遅く
④	*a tempo*	ア テンポ	元の速さで（*accel.* や *rit.* 後、元に戻す際に用いる）
⑤	*poco*	ポーコ	少し
⑥	*poco a poco*	ポーコ ア ポーコ	少しずつ
⑦	*molto*	モルト	とても、非常に、極めて
⑧	*più*	ピュウ	より一層

3-11. リズム

　音符と休符の名称・記号・長さ、また拍子やテンポについて理解できたら、次のステップは、それらを音として再生する技能を身に付けましょう。下の楽譜は、リズムの取り方をまとめたものです。音符の下に書かれているのは拍を基本にした取り方です。メトロノームに合わせながら、それぞれの音符を手で打ってみましょう。休符を感じることも重要です。

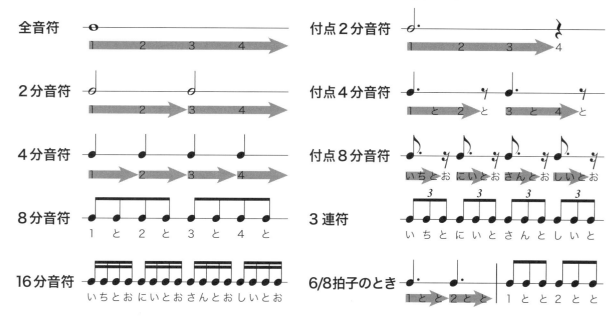

　全・付点2分・2分・4分音符は、メトロノームが刻む拍にしっかりと合わせましょう。付点4分音符と8分音符は、表拍（数字）と裏拍（と）を常に感じることが重要です。16分音符と3連符は、各拍の最初の音「い・に・さ・し」にアクセントを付け、それをメトロノームの刻む拍と合わせると上手に打てます。付点8分音符は、16分音符の「お」を休めばよいだけです。6/8拍子は、表拍（数字）とその間に裏拍（と）を2つ入れることを常に意識しましょう。

3-12. リズムと言葉

　本章「3-11. リズム」のように同一音符の連続であれば、少し練習すれば正確に打てるようになるでしょう。しかし、実際の曲では音符と休符が様々に組み合わさり、複雑なリズムが用いられていることもよくあります。ここで、子どもの歌によく用いられるリズム・パターンをいくつか挙げます。これらのリズムを習得する際には、3-11.のように拍を基本に考えたリズムの取り方も有効ですが、言葉の持つリズムと合わせて覚えるのも一つの方法です。

①
ちょっ と ちょっ と

　付点8分音符と16分音符の組み合わせは、「**スキップのリズム**」といいます。スキップしたときのステップがこのリズムと同じだからです。このリズムは、曲に軽快さや力強さを出す効果があるので、子どもの歌や校歌などでよく使われます。

②
トー スト　サー ビス

③
マス ター　ライ ター

④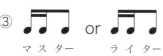
フルー ト　吹こう よ

⑤
ひゃっ かりょうらん
百 花 繚 乱

⑥
ラッ キー　あたりだ！

⑦
やまびこ ヤッ ホー！

PLUS ALPHA

その他の拍子

　本章で説明した拍子以外にも、実はまだ様々な拍子があります。その一部を紹介しますが、子どもの歌で用いられることはほとんどないので、出合う可能性は低いでしょう。

① 単純拍子

　本章で説明したのは2/4・3/4・4/4・2/2拍子の4つですが、次の拍子も単純拍子です。

$$\frac{3}{2} \quad \frac{4}{2} \quad \frac{2}{8} \quad \frac{3}{8} \quad \frac{4}{8}$$

② 複合拍子

　本章で説明したのは6/8拍子だけでしたが、他にもあります。上の数字が「6」であれば2拍子、「9」であれば3拍子、「12」であれば4拍子です。各数字を3で割れば理解できます。

$$\frac{9}{8} \quad \frac{12}{8} \quad \frac{6}{4} \quad \frac{9}{4} \quad \frac{12}{4}$$

③ 混合拍子（変拍子・特殊拍子）

　異なる単純拍子の組み合わせによってできる拍子のことを混合拍子（または、変拍子・特殊拍子）といいます。例えば、5拍子の場合、「2＋3拍子」または「3＋2拍子」、7拍子であれば、「2＋2＋3拍子（＝4＋3拍子）」「3＋2＋2拍子（＝3＋4拍子）」「2＋3＋2拍子」の組み合わせが考えられます。

$$\frac{5}{8} \quad \frac{7}{8} \quad \frac{5}{4} \quad \frac{7}{4}$$

実践練習 3-1

　次のリズムを打ってみましょう。棒が上向きの音符のみの小節は手拍子で、棒が上下になっている小節は、上のリズムを右手、下のリズムを左手で机等を叩いてみましょう。

練習問題 3-1

【問題1】

次のリズム譜①〜⑤の拍子に合うように縦線を入れ、小節ごとに区切りなさい。

【問題2】

次の楽譜①〜④は何分の何拍子か、〔 〕内に適切な数字を書き入れなさい。

理論編
第4章
様々な記号・用語

　楽譜に書き留められるのは、音の高さや長さ（音価）だけではありません。作曲家は、様々な記号や用語を用いて、曲をどのように演奏してもらいたいのか指示を出していることが多々あります。音符と休符を読むことだけに意識がいってしまい、記号や用語を見落としてしまっては、作曲家からの大事なメッセージを受け取らず、誤った演奏をすることにつながります。

　音符や休符を正確に演奏することはもちろん大事なことですが、それだけなら現代ではコンピュータでも可能です。コンピュータは、正確で決して間違えることがないという点では、人間よりも優れています。しかし、感情を持たないコンピュータは、作曲家の意図をくみ取り、それに演奏者自身の思いや意図も乗せて表情豊かに演奏することはできません。そのようなことができるのは、人間だけです。音楽を聴く者も、きっとそんな表情豊かな演奏に魅力を感じるのでしょう。

4-1. 反復記号

　反復は、楽曲の構成上もっとも重要な要素の一つです。楽曲のまとまった部分を反復する場合や、同じメロディやリズム・パターンを繰り返す場合等があります。反復を用いることによって、楽曲の主要部分を強く印象付ける効果があります。

　楽曲のどの箇所を反復するのか、それを譜面上で指示するのが**反復記号**です。それぞれの記号の意味を理解しておかないと、どのような順番で演奏しなければならないのかわからなくなってしまうため、一つ一つ確実に覚えましょう。

① リピート

　終止線と同じように、縦線2本のうち1本が太くなっています。また、第3線を2つの点で挟んでいる記号です。譜例1では、同じ記号が向かい合うように配置されています。この記号で挟まれた小節を反復します。各小節に演奏順の番号を振ってあるので確認してください。譜例2のように、この記号が複数用いられることもあります。また、譜例3のように、この記号が1つしか使われていない場合は、楽曲の最初に戻って再び演奏します。

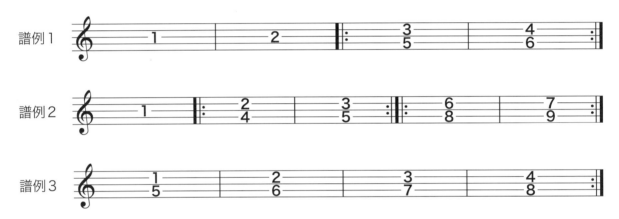

② かっこ

　リピートと併せて用いられます。リピートのように単に同じ小節を反復するのではなく、楽曲内のある一部分、または最後の部分だけを変更したいときに用いられます。譜例4では、1回目に1番かっこを演奏し、繰り返した2回目では（1番かっこを演奏せず）2番かっこに飛びます。譜例5のように、同じかっこ内を複数回反復することも、子どもの歌では頻繁に見られます。譜例5は、1〜3回目まで最初のかっこ内を、4回目で4番かっこに飛びます。

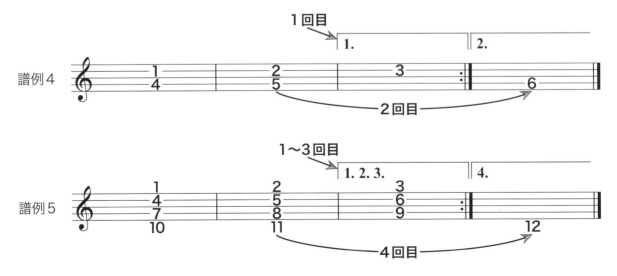

③ D.C. al Fine（ダ・カーポ・アル・フィーネ）

　D.C.は、「ダ・カーポ」の略。D.C.はイタリア語で、「曲の最初に戻る」という意味です。しばしば、Fine（フィーネ）とともに用いられます。Fineは、「終わり」「楽曲の終止」を意味します。つまり、D.C. al Fineというのは、D.C.で楽曲の最初に戻り、Fineで終了ということになります。譜例6の演奏順を見て、確認してください。

④ D.S. al Fine（ダル・セーニョ・アル・フィーネ）

　D.S.は、「ダル・セーニョ」の略。D.S.はイタリア語で、「印のところまで戻る」という意味です。印とは、𝄋（セーニョ）のことです。これも、しばしばFineとともに用いられます。つまり、D.S. al Fineというのは、D.S.で𝄋まで戻り、Fineで終了ということになります。譜例7の演奏順を見て、確認してください。

⑤ D.C. al Coda（ダ・カーポ・アル・コーダ）

　Codaは、イタリア語で「尻尾」や「末尾」を意味します。音楽では、曲の結尾部分のことを指します。D.C. al Codaは、D.C.で最初に戻り、⊕（コーダ）の小節から結尾部分（同じ記号とCodaと書かれた箇所）に飛びます。譜例8の演奏順を見て、確認してください。
※飛ぶ前の⊕の左隣に「to（〜へ）」という語が付いている楽譜もあります。

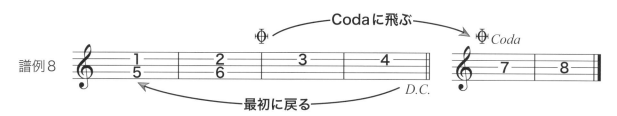

⑥ D.S. al Coda（ダル・セーニョ・アル・コーダ）

　D.S. al Codaは、D.S.で𝄋に戻り、⊕（コーダ）の小節から結尾部分（同じ記号とCodaと書かれた箇所）に飛びます。譜例9の演奏順を見て、確認してください。

4-2. 強弱記号

強弱は、楽曲を特徴付ける重要な要素です。また、楽曲を表情豊かに演奏する上で欠かすことのできないものです。なお、強弱記号は相対的なもので、具体的な強さを示すものではありません。どの程度の強さで演奏するのか、それは演奏者が判断しなければなりません。

	記号	読み方	意味
弱	*ppp*	ピアニッシッシモ	ピアニッシモよりさらに弱く
	pp	ピアニッシモ	極めて弱く
	p	ピアノ	弱く、柔らかく
	mp	メッゾ・ピアノ	(中位に) やや弱く
	mf	メッゾ・フォルテ	(中位に) やや強く
	f	フォルテ	強く、大きく
	ff	フォルティッシモ	極めて強く
強	*fff*	フォルティッシッシモ	フォルティッシモよりさらに強く

楽語豆知識①
　左表の強弱記号は、全てイタリア語です。
　「piano」は、副詞だと「静かに」「低い声で」という意味です。
　「forte」は、形容詞だと「頑強な」「意志が強い」「丈夫な」「激しい」「強烈な」「強い」、副詞だと、「力強く」「激しく」「大声で」という意味です。
　「mezzo」は、形容詞だと「半分の」「中位の」「中間の」、副詞だと「半分だけ」「およそ」という意味です。

その他に、強弱に変化を加える記号があります。

	記号	読み方	意味
①	◁	クレシェンド	しだいに強く
	cresc.		*crescendo* の略。しだいに強く
②	▷	デクレシェンド	しだいに弱く
	decresc.		*decrescendo* の略。しだいに弱く
③	*dim.*	ディミヌエンド	*diminuendo* の略。しだいに弱く
④	*fp*	フォルテピアノ	強く演奏し、直ちに弱くする
⑤	*fz*	フォルツァンド	その音を特に強く演奏する
⑥	*sf* または *sfz*	スフォルツァンド	その音を突然強く演奏する　※ *fz* よりも強めのニュアンス
⑦	*sub. p*	スービト ピアノ	*subito* の略で「すぐに」の意。直ちに弱く演奏する

4-3. 発想標語

発想標語は、作曲者が演奏者に曲のイメージを伝えるために用います。演奏者は、それぞれの標語から得られるイメージに合った演奏を心がける必要があります。標語は、作曲者の母国語が用いられることもありますが、イタリア語が大多数です。代表的なものを次に紹介します。

	標語	読み方	意味
①	*agitato*	アジタート	激しく、急き込んで
②	*amabile*	アマービレ	愛らしく
③	*animato*	アニマート	元気に速く
④	*appassionato*	アパッショナート	熱情的に

楽語豆知識②
　amabileは、子どもやペットを可愛いと感じるような「愛」を指します。

　ベートーヴェンのピアノ・ソナタに「Appassionata（熱情）」作品57という名曲があります。

	標語	読み方	意味
⑤	*brillante*	ブリッランテ	華やかに
⑥	*cantabile*	カンタービレ	歌うように
⑦	*comodo*	コモド	気楽に、適当な速さで
⑧	*con brio*	コン・ブリオ	生き生きと、活気を持って
⑨	*con fuoco*	コン・フオーコ	熱烈に、情熱を込めて
⑩	*con moto*	コン・モート	動きを付けて
⑪	*con spirito*	コン・スピリト	元気に
⑫	*dolce*	ドルチェ	甘美に、魅惑的に
⑬	*elegante*	エレガンテ	優美に
⑭	*energico*	エネルジコ	力強く、精力的に
⑮	*espressivo*	エスプレッシーヴォ	表情豊かに
⑯	*giocoso*	ジョコーソ	おどけて愉快に
⑰	*grandioso*	グランディオーソ	壮大に
⑱	*grazioso*	グラツィオーソ	優雅に、優美に
⑲	*legato*	レガート	滑らかに
⑳	*leggiero*	レッジェーロ	軽く、軽快に、優美に
㉑	*maestoso*	マエストーソ	荘厳に
㉒	*marcato*	マルカート	一つ一つの音をはっきりと
㉓	*marziale*	マルツィアーレ	行進曲風に、勇壮に
㉔	*pastorale*	パストラーレ	牧歌風に
㉕	*pesante*	ペザンテ	重く、重々しく
㉖	*risoluto*	リソルート	決然と、きっぱりと
㉗	*scherzando*	スケルツァンド	おどけて、ふざけて
㉘	*sostenuto*	ソステヌート	音の長さを十分に保って
㉙	*tranquillo*	トランクィッロ	静かに
㉚	*vivo*	ヴィーヴォ	生き生きと、活発に

例えば、「*sempre* **p**（常に弱く）」といったように、速度標語や発想標語、奏法記号などとともに用いられる言葉も複数あるので、一緒に覚えましょう。

	言葉	読み方	意味
①	*assai*	アッサイ	非常に、とても
②	*con*	コン	〜を伴って
③	*meno*	メーノ	より少なく
④	*sempre*	センプレ	常に〜で
⑤	*senza*	センツァ	〜なしで
⑥	*simile*	シーミレ	前と同様に続けて

4-4. 奏法記号

これまでに紹介してきた記号や標語の他に、奏法に関わる様々な記号があるので説明していきます。

① スラー

高さの異なる2つ以上の音符に付けられる弧線です。この弧線の付けられた範囲の音を**滑らか**に演奏します（譜例1）。

譜例1

② タイ

同じ高さの音をつなげて演奏します。

例えば、2と1/2拍分という長さの音符はありません。そうした際、2分音符（2拍）と8分音符（1/2拍）をタイでつなぐことで解決することができます（譜例2）。

譜例3の小節**A**は3拍目（中強拍）の位置がわからないため、このような記譜はしません。小節**B**のように記譜することで、中強拍の位置がわかるようになります。

譜例2
譜例3

③ スタッカートとスタッカティッシモ

この記号の付いた音符を**短く切って**演奏します（譜例4）。

スタッカートは、音符の上または下に付く点で（小節**A**）、スタッカティッシモは、楔形の記号（小節**C**）です。スタッカートは記号の付いている音符の1/2程度の長さ（小節**B**）、スタッカティッシモは1/4程度の長さ（小節**D**）に短くして演奏します。しかし、あくまでもこの長さは目安であり、演奏者の解釈によって異なります。文字で*stacc.*（*staccato* の略）と表記されることもあります。

譜例4

④ アクセント

この記号の付いた音符を**特に強く**演奏します。前後の音よりも**強調して**演奏する記号です。なお、＞よりも∧の方が強めです（譜例5）。

譜例5

⑤ テヌート

この記号の付いた**音符の長さを、十分に保って**演奏します（譜例6）。文字で*ten.*（*tenuto* の略）と表記されることもあります。

譜例6

⑥ 短前打音と複前打音

音符の前に付けられた小さな音を前打音といいます（譜例7）。この記号が付けられた音符を装飾するために用います。

譜例7

単音に斜めの線が入っているのが**短前打音**（小節**A**）、複数の小さな音符で書かれているのが**複前打音**です（小節**B**）。拍の頭に前打音を合わせて演奏する場合と、前打音は拍の一瞬前に演奏し、この記号が付いている音符を拍の頭に合わせて演奏する場合と、2通りの奏法があります。

⑦ オッターヴァとオッターヴァ・バッサ

譜例8の小節**A**が**オッターヴァ**です。この記号から点線の範囲までの音を、楽譜に記載されている音の高さより**1オクターヴ高く**演奏します（実際は、小節**B**の高さで演奏）。

小節**C**または**D**が、**オッターヴァ・バッサ**です。こちらは、記号から点線の範囲までの音を、楽譜に記載されている音の高さより**1オクターヴ低く**演奏します（実際は、小節**E**の高さで演奏）。

加線の多い楽譜は読み辛くなってしまうため、このような記号で解決します。

譜例8

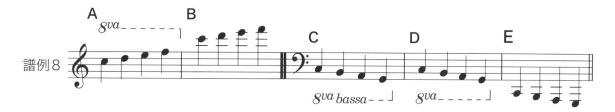

⑧ フェルマータ

この記号の付いた音符または休符は（演奏者の）**任意の長さに伸ばす**ことができます。目安としては、この記号の付いた音符または休符の2倍程度伸ばします。代表例は、譜例9の「Happy Birthday To You」です。人の名前が○○に入る際、十分に伸ばして歌っていると思います。

「Happy Birthday To You」より

譜例9

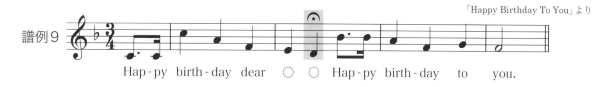

⑨ プラルトリラーとモルデント

譜例10の音符上にある短い波線が**プラルトリラー**で（小節**A**）、その記号に縦線が入っているのが**モルデント**です（小節**C**）。どちらも、メロディを装飾するために用いられる記号です。

プラルトリラーが付いた際、その音符と**1つ上の音符**を素早く弾き、すぐに元の音に戻ります（小節**B**）。モルデントは、プラルトリラーとは逆に**1つ下の音符**を弾きます（小節**D**）。

最初の音を拍の頭に合わせて弾く場合と、戻ってきた音（3音目）を拍の頭に合わせる場合と2通りあります。

譜例10

49

⑩ トリル

　trと波線の記号です。**この記号が付いた音符とその1つ上の音を、細かく交互に演奏**します。譜例11の場合、小節Aを小節Bのように演奏します。ただし、反復回数は曲のテンポや音符の長さ、演奏者の判断によって異なります。

譜例11

⑪ アルペジオ

　和音（複数の音が重なっている）の左横にある縦波線の記号です（譜例12の小節A）。

　この記号が付いた和音は、同時に演奏せずに、下から順番に音を分けて演奏します（小節B）。このように、和音を分けることを**アルペジオ＝分散和音**といいます。

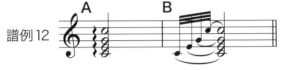

譜例12

⑫ トレモロ

　この記号の付いた音符を反復演奏します。

　譜例13の小節Aには高さの異なる2つの音と、その2音を2本線がつなぐように記号（トレモロ）が記載されています。この記号の線は、連桁を示しています（連桁が2本線の場合、16分音符を意味します）。つまり、小節Aは、小節Bのように中央のドと1オクターヴ上のドを16分音符で反復演奏する、ということを意味します。

譜例13

⑬ ブレス

　この記号の付いたところで、**息つぎ**をします（譜例14）。

譜例14

⑭ その他

　ピアノの楽譜で用いられる記号をいくつか紹介します。

	記号	読み方	意味
①	L.H.	リンケ・ハント	左手で（ドイツ語）
②	R.H.	レヒテ・ハント	右手で（ドイツ語）
③	𝄽.	（ペダル・マーク）	右ペダル（ダンパー・ペダル）を踏む
④	※	（ペダル・マーク）	右ペダル（ダンパー・ペダル）を離す
⑤	con Ped.	コン・ペダーレ	右ペダルを使って演奏すること
⑥	senza Ped.	センツァ・ペダーレ	右ペダルを使わずに演奏すること

練習問題 4-1

【問題1】

　次の楽譜①〜⑤の各小節の演奏順を、小節内の **A・B・C〜** を用いて□内に書き入れなさい。
また、その楽譜を演奏した際、全部で何小節になるか、小節数を〔　〕内に書きなさい。

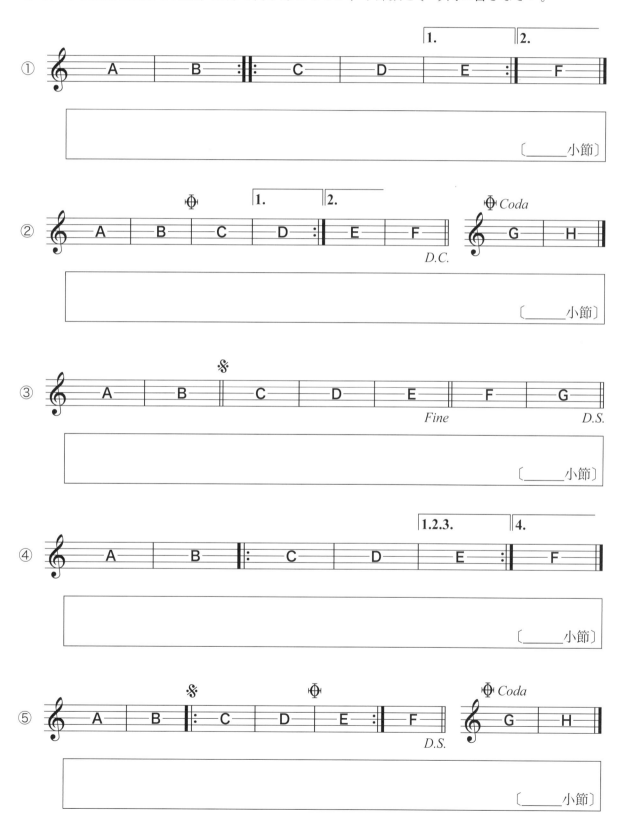

練習問題 4-2

【問題1】

次の楽譜に書かれている記号の名称と意味を書きなさい。

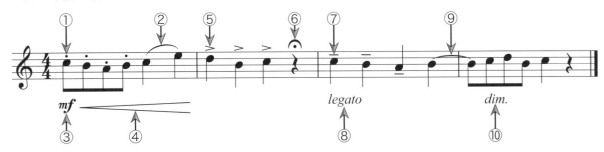

	名　称	意　味
①		
②		
③		
④		
⑤		
⑥		
⑦		
⑧		
⑨		
⑩		

HISTORY

王様は、弱い？

　現代では、ピアノは「楽器の王様」と呼ばれています。ではなぜ、「王様」と称される楽器に「ピアノ＝弱い」という意味の名前が付けられているのでしょうか。

　ピアノが誕生するずっと前、13〜14世紀頃のヨーロッパでは、「クラヴィーア」という鍵盤楽器が主流でした。この楽器の形状は長方形で、机上に置くものや4本足が付いたものなどがあり、音域は3〜5オクターヴ程度でした。音を出す仕組みは、鍵盤奥にあるタンジェントと呼ばれる真鍮製の棒が弦を打って発音します。しかし、この楽器は全体の音量が極めて小さく、楽器付近にいる人にしか音が届かない程度でした。

　その後（1500年以降）、チェンバロ（＝ハープシコード）という鍵盤楽器が広まります。この楽器の外観はピアノに近いもので、音域は4〜5オクターヴ程度が一般的でした。音の出る仕組みは、鍵盤奥の柱が上がり、その柱に取り付けられている爪が弦を弾くことで発音します。しかし、この楽器は、あまり強弱を付けて演奏することができませんでした。

　1709年、イタリアのチェンバロ製作者、B.クリストフォリ（1655〜1731）は、強弱変化の乏しいチェンバロに不満を抱き、爪のかわりにハンマーで打弦して発音する構造を持った新しい楽器を発明します。彼は、この楽器に「クラヴィチェンバロ・コル・ピアノ・エ・フォルテ（弱音も強音も出せるチェンバロ）」と名付けました。その後、この楽器の名称は省略され「ピアノフォルテ」となり、現代ではさらに省略され「ピアノ」と呼ばれるようになりました。

理論編
第5章
音階と調

　音階（スケール：Scale）は世界中に多種存在し、曲が作られた時代
や民族、作曲家によって異なります。音階はどのような音楽であって
も必要不可欠なものであり、音楽を特徴付ける重要な構成要素です。

　曲の旋律（メロディ）や曲中に用いられる和声（ハーモニー）は音階に
基づいているため、それぞれの曲に「どのような音階が用いられている
か」を知ることは、曲を理解する上で必須といえます。この章では、西
洋音楽の中心的音階である「長音階」と「短音階」、そして日本の音階に
ついて取り上げます。

　その長音階と短音階には、開始音となる「主音」が存在します。どの
音が主音なのか、またどの音階が用いられるのか、それによって調
（キー：Key）が決まります。ちょっと難しく書きましたが、「ハ長調」
とか「イ短調」と呼ばれるものです。

5-1. 音階

　音階（スケール：Scale）は、文字通り音を階段状に並べたもので、一つの楽曲において**主要な音を1オクターヴ間に配列したもの**を指します。音階は世界中に多種存在し、楽曲が作られた時代や民族、作曲家によって異なります。音階はどのような音楽であっても必要不可欠なものであり、**音楽を特徴付ける重要な要素**です。なぜなら、音楽の三要素のうち、旋律（メロディ）と和声（ハーモニー）は、この音階に基づいているからです。例えば、日本の「都節音階（「陰音階」ともいい、「さくらさくら」等に用いられている）」を知っていれば日本風の旋律を、琉球の音階を知っていれば琉球音楽風の旋律を、誰でも作れるようになるのです。

　まずは、西洋音楽の中心的音階である「**長音階**」と「**短音階**」について説明します。本章の最後には、日本の音階にも触れます。

5-2. 長音階

　子どもの歌において、もっとも多く用いられている音階で、1オクターヴ間に8つの音を配列しています。下から第3音と第4音の間、それから第7音と第8音の間が半音で、それ以外は全音から成っています。下の譜例は、「ド」を開始音とした際の長音階です。

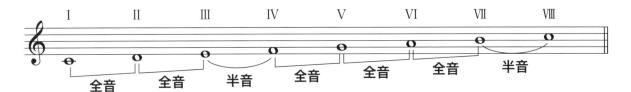

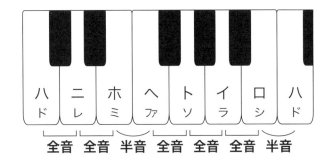

左図の白鍵を見てください。上の譜例（長音階）と同じように、「ド」から「全音・全音・半音・全音・全音・全音・半音」と並んでいることがわかります。

譜例は開始音を「ド」としていますが、**他の音を開始音とすることもあります**。どの音が開始音であれ、**長音階の配列は全て同じ**です。

　音階の開始音を「**主音**」といい、音階において支配的で最重要の音です。ほとんどの楽曲では、主音が終止音になります。その主音の5つ上または4つ下が「**属音**」で、主音に次いで重要な音です。その属音の1つ下が「**下属音**」で属音に次いで重要な音です。主音の1つ下で、主音と半音の関係にある音が「**導音**」です。これは、旋律や和声音を**半音上の主音へ導こうとする性質**があります。

　譜例は、「ド＝ハ」を主音とする長音階なので、これを「**ハ長調**」の音階といいます。

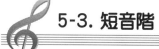

5-3. 短音階

短音階には、**自然短音階**、**和声短音階**、**旋律短音階**の3種類があります。

① 自然短音階

1オクターヴ間に8つの音を配列するのは長音階と変わりません。下から第2音と第3音の間、それから第5音と第6音の間が半音で、それ以外は全音から成っています。下の譜例は、「ラ」を開始音とした際の**自然短音階**です。つまり、「ラ＝イ」を主音とする短音階なので「**イ短調**」です。

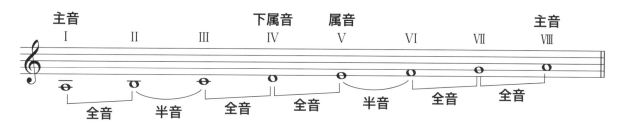

「イ」の音から白鍵は「全音・半音・全音・全音・半音・全音・全音」と配列されており、自然短音階の「イ短調」と同じ並びになっていることがわかります。

譜例は開始音を「ラ」としていますが、**他の音を開始音とすることもあります**。どの音が開始音であれ、**短音階の配列は全て同じ**です。

自然短音階は、開始音が長音階の開始音の2つ下（短3度下※）ですが、構成音は全く同じです。そのため、構成音だけでは長音階と自然短音階を区別することができません。また、主音と1つ下の音との幅が全音であるため、**導音がありません**。 ※理論編第6章「音程」を参照。

② 和声短音階

自然短音階は主音に導く性質を持つ「導音」がないため、導音がある長音階と比較して終止感（曲が終わった感じ）に欠けてしまいます。その改善のため、音階の**第7音を半音上げる**ことによって導音を設けた短音階が作られました。これを**和声短音階**といいます。

音階の第7音を半音上げ「導音」にすることで、終止感を強めることができましたが、その結果、音階の第6音と第7音の幅が「**全音＋半音（増2度※）**」に広がりました（※理論編第6章「音程」を参照）。この広い2音間の幅（隔たり）を含んでいるのが和声短音階の特徴で、通常、**短調の曲の和声にはこの音階が用いられます**。しかし、和声短音階に含まれるこの広い音程は、旋律の流れ（滑らかさ）を阻害してしまうため、旋律線（メロディライン）に用いるには適していません。その改善のために作られたのが旋律短音階です。

③ 旋律短音階

旋律短音階は、旋律が上に向かっていく「**上行形**」と下に向かっていく「**下行形**」とで異なります。

和声短音階では、音階の第6音と第7音の幅が全音＋半音（増2度）と広く、これが旋律の流れ（滑らかさ）を阻害していました。その広い音程を解消するため、旋律短音階の上行形では、**第7音を導音のまま維持し、第6音も半音上げます**。その結果、次の譜例のようになります。

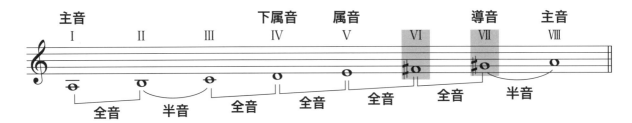

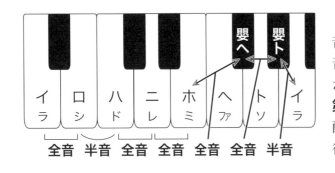

旋律が下行する際には、音階の第7音が導音である必要はありません。そのため、第6音を半音上げておく理由もなくなります。したがって、旋律短音階の下行形は、**第6音と第7音を元の高さに戻し、自然短音階と同じ**配列にします。そのため、次のような下行進行をします。

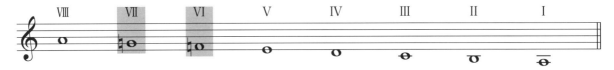

5-4. 調号①

本章「5-2. 長音階」と「5-3. 短音階」では、それぞれの音階の特徴を捉えやすくするために幹音（変化記号が付かない音）のみの「ハ長調」と「イ短調（自然短音階）」を用いて説明しました。しかしこれら以外にも、他の音を「開始音＝主音」とする長音階及び短音階があります。それらは、主音とその他の構成音の高さが異なるものの、長・短音階の配列は全く同じです。

例えば、「ソ＝ト」を開始音とする音階を見てみます。幹音だと次のようになります。

これでは、第6音と第7音が半音、第7音と第8音が全音のため、長音階の配列ではありません。これを解決するために第7音を半音上げると、長音階の配列になります。

　これで、「ソ＝ト」を主音とする長音階＝「ト長調」の音階ができあがります。しかし、このままではト長調の曲の場合、全ての「ファ＝ヘ」に♯を書き加えなければなりません。それでは、楽譜を書く方も読む方も面倒です。そこで、音部記号のすぐ右側（ト音譜表であれば第5線、ヘ音譜表であれば第4線）に「♯」を書いてしまいます。この位置にある変化記号のことを「**調号**（または**調子記号**）」といいます。調号は、**同じ音名を持つ全ての音**にかかってくるため、注意が必要です。

　次の譜例の場合、「♯」が書いてある第5線の「ファ」だけでなく、**全ての「ファ」を半音上げて演奏する**必要があります（「♮」が付いた場合を除く）。

　次に、「ファ＝ヘ」を開始音＝主音とする長音階、つまり「ヘ長調」について見てみましょう。幹音だけだと次のような配列になります。

　これでは、第3音と第4音が全音、第4音と第5音が半音のため、長音階の配列ではありません。これを解決するために第4音を半音下げると、長音階の配列になります。

　これで、「ヘ長調」の音階ができあがります。しかし、ヘ長調の楽譜の場合、必ず**全ての「シ」に「♭」を付けて半音下げる**必要があるため（「♮」が付いた場合を除く）、そのことを調号を用いて表します。ト音記号であれば第3線、ヘ音記号であれば第2線に「♭」を書きます。

PLUS ALPHA

調号の位置

　五線譜の冒頭には、右の譜例のように「音部記号」→「調号」→「拍子記号」の順番で重要な記号がまとめて記載されています。ただし、音部記号と調号は行が変わるたびにその行の冒頭に改めて記載されますが、拍子記号だけは曲の冒頭のみです。読譜する際には、これらの記号の意味をしっかりと理解し、また見落とすことのないよう注意が必要です。

5-5. 調号②

本章「5-4. 調号①」では、なぜ音部記号の右側に変化記号を書くのか、ト長調(♯1つ)とヘ長調(♭1つ)を例に説明しました。他の音を長・短音階の「開始音＝主音」としたとき、当然調号に用いられる変化記号の数も変わります。以下は、全ての調号を一覧表にしたものです。

なお、シャープ系の調のことを「**嬰種調**」、フラット系の調のことを「**変種調**」といいます。また、嬰種調の長・短音階のことをそれぞれ「**嬰種長音階**」「**嬰種短音階**」、変種調の長・短音階のことをそれぞれ「**変種長音階**」「**変種短音階**」といいます。

嬰種調の調号

	ト音記号	ヘ音記号
シャープ1つ ト長調 ホ短調		
シャープ2つ ニ長調 ロ短調		
シャープ3つ イ長調 嬰ヘ短調		
シャープ4つ ホ長調 嬰ハ短調		
シャープ5つ ロ長調 嬰ト短調		
シャープ6つ 嬰ヘ長調 嬰ニ短調		
シャープ7つ 嬰ハ長調 嬰イ短調		

変種調の調号

	ト音記号	ヘ音記号
フラット1つ ヘ長調 ニ短調		
フラット2つ 変ロ長調 ト短調		
フラット3つ 変ホ長調 ハ短調		
フラット4つ 変イ長調 ヘ短調		
フラット5つ 変ニ長調 変ロ短調		
フラット6つ 変ト長調 変ホ短調		
フラット7つ 変ハ長調 変イ短調		

調号で用いられる変化記号の位置には、次のような決まりがあります。

嬰種調の調号

1	2	3	4	5	6	7
ファ	ド	ソ	レ	ラ	ミ	シ

変種調の調号

1	2	3	4	5	6	7
シ	ミ	ラ	レ	ソ	ド	ファ

嬰種調の調号は、1つ目の「ファ」から始まり、そこから4つ下がり5つ上がるという形を繰り返します(5つ目の「ラ」と7つ目の「シ」は加線が必要な位置になるため、1オクターヴ下に書きます)。変種調の調号は、1つ目の「シ」から始まり、そこから4つ上がり5つ下がるという形を繰り返します。「**ファドソレラミシ**」「**シミラレソドファ**」とそれぞれ唱えて覚えましょう。

5-6. 近親調（平行調・同主調・属調・下属調）

　ある調（主調）と特に近い関係にある調を**近親調**（または**関係調**）といいます。近親調には、**平行調・同主調・属調・下属調**があります。近親調以外の調は**遠隔調**といいます。

① 平行調

　譜例1は、「ハ長調」と「イ短調」をまとめた楽譜です。「開始音＝主音」が異なるものの、どちらの調も構成音が全く同じです。調号がないという点も共通しています。譜例2の「ヘ長調」と「ニ短調」も構成音が同じで、どちらも同じ調号（♭1つ）が用いられます。このように、**構成音と調号が同じ関係にある長調と短調**のことを**平行調**といいます。全ての長調・短調には対になる平行調が存在します（詳細は、前ページの「調号②」及び次ページ以降の「資料5-1.」「資料5-2.」を参照）。

譜例1

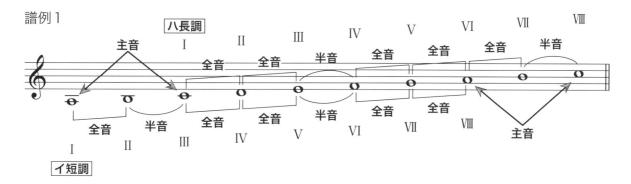

譜例2

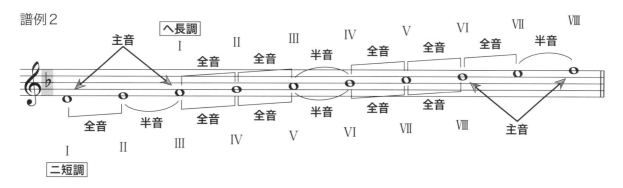

　譜例1及び2の主音の位置を見てください。平行調の長調・短調の主音は、長音階の主音から2つ下の音、または短音階の主音から2つ上の音（＝短3度）の関係にあると覚えておきましょう。

② 同主調

　次に、譜例3「ハ長調」と譜例4「ハ短調」を見てください。この2つの調は、主音・属音・下属音の3音が共通です。このような関係にある調のことを**同主調**（または同名調）といいます。

譜例3：ハ長調

譜例4：ハ短調

③ 属調と下属調

　ある調（主調）の属音を主音とする調を**属調**、下属音を主音とする調を**下属調**といいます。例えば「ハ長調」の場合、属調は「ト長調」、下属調は「ヘ長調」となります。

資料5-1. 嬰種調の音階一覧

ト長調

ホ短調

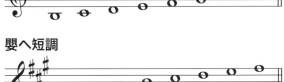

ニ長調

ロ短調

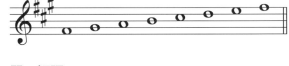

イ長調

嬰ヘ短調

ホ長調

嬰ハ短調

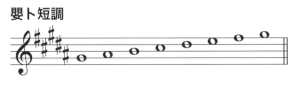

ロ長調

嬰ト短調

嬰ヘ長調

嬰ニ短調

嬰ハ長調

嬰イ短調

資料5-2. 変種調の音階一覧

ヘ長調

二短調

変ロ長調

ト短調
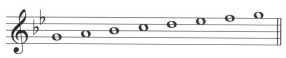

変ホ長調
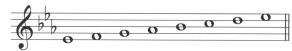

ハ短調
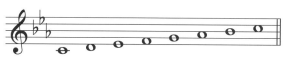

変イ長調

ヘ短調

変ニ長調

変ロ短調

変ト長調
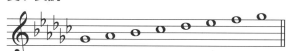

変ホ短調

変ハ長調

変イ短調
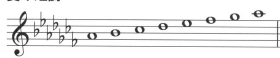

PLUS ALPHA

半音階と全音音階

　長音階や短音階の他にも、音階はあります。例えば、1オクターヴ間の音が全て半音で配列されている**半音階**や、全て全音で配列されている**全音音階**といったものがあります。

半音階

全音音階

5-7. 五度圏

　調号にシャープもフラットもない「ハ長調」「イ短調」を起点として、「嬰種長音階」「嬰種短音階」「変種長音階」「変種短音階」の主音を調号の数の順に並べてみます（譜例1〜4）。そうすると、ある法則があることに気付くかもしれません。

　嬰種調は起点となる「ハ」と「イ」から、主音が完全5度（※）上がるたびに調号のシャープが1つずつ増加します。その逆に、変種調は完全5度下がるたびに調号のフラットが1つずつ増加しています。譜例1〜4にある矢印は完全5度の幅を表しています（点線矢印は、同音名の音を1オクターヴ移動させて記載していることを示しています）。※理論編第6章「音程」を参照のこと。

譜例1：嬰種長音階の主音

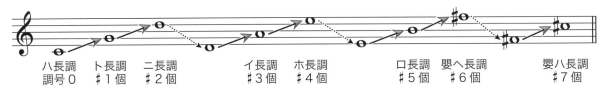

| ハ長調 | ト長調 | ニ長調 | イ長調 | ホ長調 | ロ長調 | 嬰ヘ長調 | 嬰ハ長調 |
| 調号0 | ♯1個 | ♯2個 | ♯3個 | ♯4個 | ♯5個 | ♯6個 | ♯7個 |

譜例2：嬰種短音階の主音

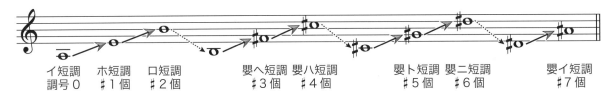

| イ短調 | ホ短調 | ロ短調 | 嬰ヘ短調 | 嬰ハ短調 | 嬰ト短調 | 嬰ニ短調 | 嬰イ短調 |
| 調号0 | ♯1個 | ♯2個 | ♯3個 | ♯4個 | ♯5個 | ♯6個 | ♯7個 |

譜例3：変種長音階の主音

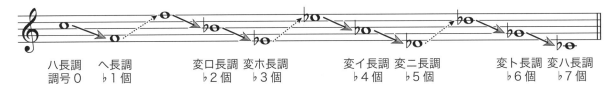

| ハ長調 | ヘ長調 | 変ロ長調 | 変ホ長調 | 変イ長調 | 変ニ長調 | 変ト長調 | 変ハ長調 |
| 調号0 | ♭1個 | ♭2個 | ♭3個 | ♭4個 | ♭5個 | ♭6個 | ♭7個 |

譜例4：変種短音階の主音

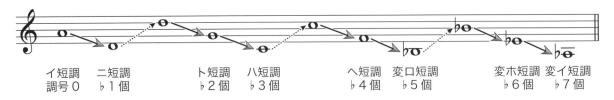

| イ短調 | ニ短調 | ト短調 | ハ短調 | ヘ短調 | 変ロ短調 | 変ホ短調 | 変イ短調 |
| 調号0 | ♭1個 | ♭2個 | ♭3個 | ♭4個 | ♭5個 | ♭6個 | ♭7個 |

　次のページの図を見てください。これは、平行調（同じ調号の長調と短調）の調号にシャープまたはフラットがいくつ必要なのか、一目瞭然となるよう図式化したものです。これを「**五度圏**」といいます。12時の方向から時計回りだとシャープが、反時計回りだとフラットが増加していきます。一順すると各調の主音に1オクターヴ内の12音全部が出てきます（異名同音を含む）。

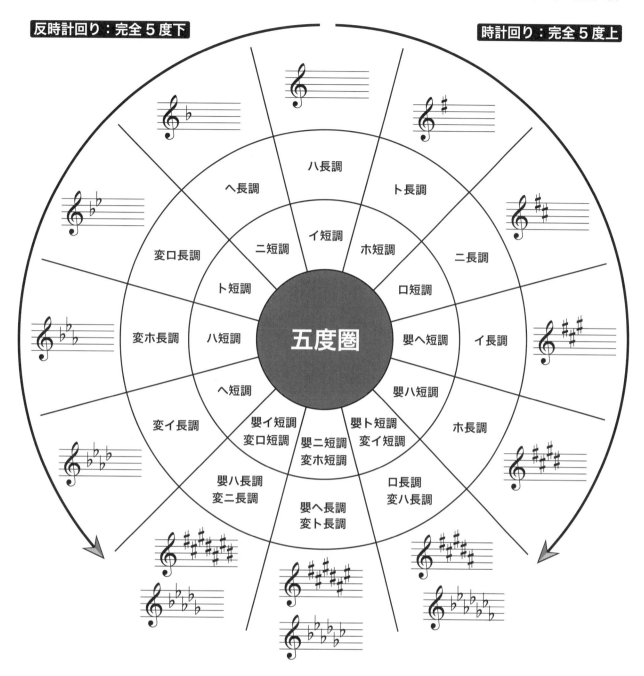

5〜7時の方向にある調は、異名同音調です。楽譜上は異なる高さに記載されることになりますが、実際の音（＝実音）は同じです。5・7時の方向の調は、通常シャープまたはフラットの数が少ない方を用います。

PLUS ALPHA

調号の覚え方（長調）

嬰種長調は「トニイホロヘ」、変種長調は「ヘロホイニト」と唱えて覚えましょう（どちらも嬰・変は省いて唱えます）。なお、短調の主音は、長調の短3度下と覚えておけば簡単です。

調号から主音を判断する方法（長調）

嬰種長調の場合は、1番右のシャープが導音になるため、その2度上が主音になります。変種長調の場合は、1番右のフラットが下属音になるため、その完全4度下が主音になります。短調については、同上です。

5-8. 移調

　ある曲全体の音を、異なる調を用いて上または下の音程に移し、音域を変えることを「**移調**」といいます。これにより、譜面上の曲の高さを自由に変更することができます。子どもが無理なく出せる声域に高さを合わせることが可能となるため、保育者にとって重要な知識といえます。

　譜例1は、ハ長調の音階と同調で書かれた「春の小川（冒頭部分）」です。

譜例1

　譜例1を長2度（※）高いニ長調（ニ＝レが主音）に移調すると、譜例2のようになります。ニ長調の調号（♯2つ）が用いられ、全ての音が長2度上がっています。また、主音や他の構成音を表すローマ数字は、完全に一致しています。（※詳細は、理論編第6章「音程」を参照のこと。）

譜例2

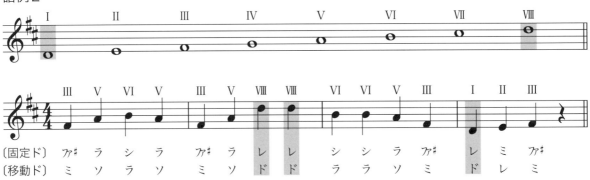

　旋律を「ドレミ〜」で歌う場合、**固定ド唱法**と**移動ド唱法**という2つの方法があります。固定ド唱法は、絶対的な音の高さを表す**音名で歌う方法**、移動ド唱法は**長調の主音をド、短調の主音をラへ移動（読み換え）して歌う方法**です。譜例2にある2つの唱法を見比べてください。移動ド唱法は、主音をどと読み換えたため（相対的にその他の階名も読み換えます）、ハ長調の階名と同じになっています。次の譜例3（ヘ長調（完全4度上）への移調）も参考にしてください。

譜例3

5-9. 転調

　曲の途中で、ある調から別の調へと変化することを**転調**といいます。転調には、主調とは異なる調号を用いて他調に移る場合と、臨時記号を用いて一時的に他調へ転じる場合とがあります。

① 調号を変えて転調する

　譜例1は、イギリスの作曲家 E. エルガー（1857〜1934）が作曲した行進曲「威風堂々第1番」の一部です。この曲の主調はニ長調（ファとドに♯）ですが、途中でト長調（ファに♯）に転調します。

　調号を変える際には、複縦線（2本の小節線）を用いて、そのすぐ右側に新しい調号を書きます。前の調号からシャープまたはフラットを削除する際には、ナチュラルが用いられます。

譜例1

② 臨時記号を用いて転調する

　譜例2は、イタリアの作曲家 A. ヴィヴァルディ（1678〜1741）が作曲した協奏曲「四季」より第4番「冬」第2楽章の一部です。主調は変ホ長調（シ・ミ・ラに♭）ですが、5小節目から臨時記号（♮）を用いて変ロ長調（シとミに♭）に転調し、11小節目で再び変ホ長調に戻ります。

譜例2

変ホ長調

変ロ長調

ここから10小節目まで「ラ」にナチュラルが付いている

1小節目と同じ旋律だが高さが異なる

変ホ長調

再び「ラ」にフラットが付くようになり変ホ長調に戻る

5-10. 日本の音階

　ここまで、西洋音楽の長音階と短音階について詳しく説明してきましたが、最後は、日本の音階について触れます。

　日本を含む各国の民謡の多くは、**五音音階**（ペンタトニック・スケール）が用いられています。この五音音階は、その名の通り5つの音から成る音階ですが、その構成音は様々なものがあり、一様ではありません。日本の音階として知られる次の4つも、この五音音階です。

① 民謡音階（陽音階）

　日本の民謡（「ソーラン節」や「八木節」など）にもっとも多く用いられています。この音階による代表曲として、「ひらいたひらいた」や「かくれんぼ」が挙げられます（譜例1）。

② 都節音階（陰音階）

　主に三味線音楽や箏曲（そうきょく）に用いられる音階です。箏の平調子に相当します（平調子とは、箏のもっとも基本的な調弦のこと）。民謡音階にはない半音が含まれているのが特徴です。この音階による代表曲として、「さくらさくら」や「うさぎ」が挙げられます（譜例2）。

③ 律音階

　主に雅楽で用いられる音階です。雅楽は、日本古来の儀式音楽や舞踊などと、飛鳥時代から平安時代初めにかけての約400年間に、中国大陸や朝鮮半島から伝えられた音楽や舞、そして平安時代に日本独自の様式に整えられた音楽などです（譜例3）。

④ 琉球音階

　主に沖縄の音楽に用いられている音階です（譜例4）。

譜例1：民謡音階（陽音階）

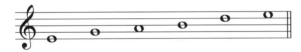

譜例2：都節音階（陰音階）

譜例3：律音階

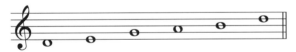

譜例4：琉球音階

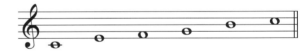

⑤ その他：ヨナ抜き音階

　日本独自の音階ではないのですが、唱歌や童謡に多く用いられているのが「ヨナ抜き音階」です。長音階の第4音と第7音がない五音音階で、「ヨナ抜き長音階」と「ヨナ抜き短音階」とがあります（譜例5・6）。唱歌や軍歌には長音階、芸術的歌曲には短音階が多く用いられました。

　「赤とんぼ」「夕やけこやけ」「うみ」「チューリップ」などが代表的な曲として挙げられます。

譜例5：ヨナ抜き長音階

譜例6：ヨナ抜き短音階

　なお、童歌（わらべうた：子どもを中心にして伝承されてきた遊び歌）は、日本の音階の一部からできていますが、その多くは少数音音階（2・3・4音）です。

練習問題 5-1

【問題1】

　次に指示された音階を、主音から1オクターヴ上の主音まで、調号を用いて全音符で書きなさい。短調については、指定の音階で記載すること。また、⑦と⑧は上行形・下行形を書きなさい。

例：ハ長調

①ト短調（和声短音階）

②ニ長調

③変ホ長調

④イ長調

⑤ホ短調（和声短音階）

⑥変イ長調

⑦ニ短調（旋律短音階：上行形・下行形）

⑧ロ短調（旋律短音階：上行形・下行形）

練習問題 5-2

【問題1】

（　）内の長調・短調の指示に従い、五線譜上に記された全音符を主音とする調の調号を記入しなさい。また、（　）内に調名を記入しなさい。※①〜⑤はト音譜表、⑥〜⑩はヘ音譜表。

【問題2】

次の楽譜（ハ長調）を指定された調に移調しなさい。調号及び拍子記号も正確に記入すること。

① ト長調

② ヘ長調

③ ニ長調

④ 変ロ長調

理論編
第6章
音程

　音程とは、2音間の幅（隔たり）を表すものです。第1章で2音間の幅について「半音・全音」と「オクターヴ」という用語の説明をしましたが、「半音・全音」は隣り合う2音間、「オクターヴ」は同じ音名が付けられた2音間を表す用語なので言い表せる幅は限定的です。本章で学習する「音程」は、「半音・全音」「オクターヴ」を含む、全ての（2音間の）幅を言い表すことができます。

　では、2音間の幅（隔たり）を理解することがなぜ必要なのでしょうか。旋律（メロディ）は、同音や高さの異なる複数の音が横につむがれてできています（時間的横の流れ）。和音（コード）は高さの異なる2音以上の音が同時に鳴ることを意味し（縦の重なり）、それぞれの音の幅によって和音の響きが決まります（協和音や不協和音）。つまり、音程は音楽の横（旋律）と縦（和音）を理解する上で非常に重要なのです。

6-1. 音程

音程とは、2音間の幅（隔たり）のことをいいます。音程は、「度」という単位で表します。

譜例1は、ハ長調の音階です。「中央のド」及び「その1オクターヴ上のド」からそれぞれの音まで、どれだけの幅があるのか度数で表したものです。

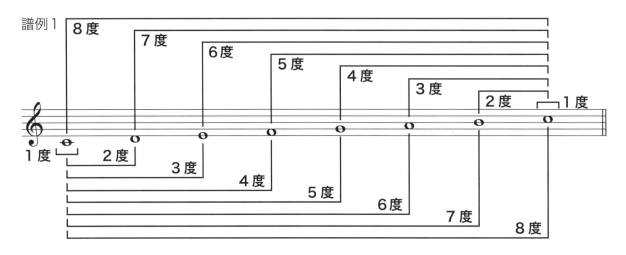

五線譜上、全く同じ高さであれば「1度（「ユニゾン」といいます）」、1オクターヴであれば「8度」ということになります。これだけなら、それほど難しい話ではありません。しかし、よく観察すると、例えば同じ2度でも「ド–レ」は全音、「シ–ド」は半音となっており、幅に半音の差があることがわかります。より明確に五線譜上の2音間の幅を言い表すために、「**長**」「**短**」「**完全**」「**増**」「**減**」という文字を度数の前に用いて表します。順に見ていきましょう。

6-2. 長音程と短音程

2度・3度・6度・7度には、「**長音程**」と「**短音程**」があります。順に見ていきましょう。

① 長2度と短2度

譜例1のⒶとⒷはどちらも2度ですが、Ⓐは全音、Ⓑは半音です。鍵盤図1でも2音間の幅に差があることがわかります。Ⓐが「長2度」、Ⓑが「短2度」です。

譜例1

鍵盤図1

② 長3度と短3度

譜例2のⒶとⒷはどちらも3度ですが、Ⓐは全音2つの幅、Ⓑは全音1つ＋半音1つの幅です。Ⓐが「長3度」、Ⓑが「短3度」です。

譜例2

鍵盤図2

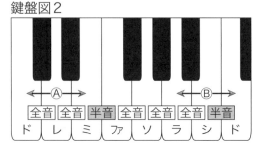

③ 長6度と短6度

　譜例3のⒶとⒷはどちらも6度ですが、Ⓐは全音4つ＋半音1つの幅、Ⓑは全音3つ＋半音2つの幅です。Ⓐが「長6度」、Ⓑが「短6度」です。

譜例3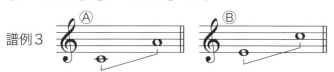

鍵盤図3
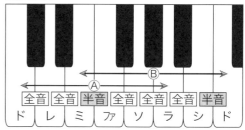

④ 長7度と短7度

　譜例4のⒶとⒷはどちらも7度ですが、Ⓐは全音5つ＋半音1つの幅、Ⓑは全音4つ＋半音2つの幅です。Ⓐが「長7度」、Ⓑが「短7度」です。

譜例4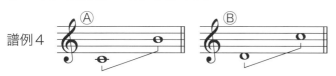

鍵盤図4
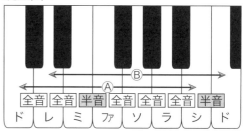

6-3. 完全音程

　1度・4度・5度・8度には、「長・短音程」はなく「**完全音程**」といいます。

① 完全1度と完全8度

　譜例1のⒶは、五線譜上同じ高さです。これを「完全1度」、別名ユニゾンといいます。1オクターヴであるⒷは全音5つ＋半音2つの幅で、これを「完全8度」といいます。

譜例1

鍵盤図1
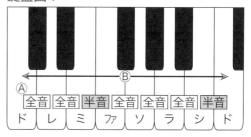

② 完全4度と完全5度

　譜例2のⒶの4度は、全音2つ＋半音1つの幅で、これを「完全4度」といいます。Ⓑの5度は、全音3つ＋半音1つの幅で、これを「完全5度」といいます。

譜例2

鍵盤図2
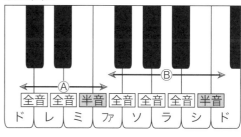

　4度と5度が常に完全音程とは限りません。「ファーシ」は4度ですが、全音3つなので完全4度よりも幅が広いです。これを「**増4度**」といいます。また「シーファ」は5度ですが、全音2つ＋半音2つなので完全5度よりも幅が狭いです。これを「**減5度**」といいます。この二つの共通点は、どちらも幅が全音3つ分ということです。この音程は、「**三全音（トライトーン）**」と呼ばれています。

	半音の数	全音の数		半音の数	全音の数
完全1度	0	0	減5度	2	2
短2度	1	0	完全5度	1	3
長2度	0	1	短6度	2	3
短3度	1	1	長6度	1	4
長3度	0	2	短7度	2	4
完全4度	1	2	長7度	1	5
増4度	0	3	完全8度	2	5

　ここまで説明してきたことを表にまとめると、上のようになります。

　ここまで説明した音程は、幹音(変化記号が付いていない音)のみでした。しかし、ある2音のどちらか一方または両方に変化記号が付き、音の幅(隔たり)に変化が生じることもあります。ここから先は、そのような音程について説明していきます。

6-4. 増音程と減音程

　音の幅(隔たり)が「長音程」「完全音程」よりも広くなったり、「短音程」「完全音程」よりも狭くなったりすることがあります。広くなったものを「**増音程**」、狭くなったものを「**減音程**」といいます。前のページに出てきた「増4度」と「減5度」もこれに含まれます。

① 増音程

　もし次の譜例に変化記号が付いていなければ、譜例Ⓐ～Ⓓは「長音程」、譜例Ⓔ～Ⓗは「完全音程」です。2音のうち高い方にシャープが付いたり、低い方にフラットが付いたりすれば、それだけ音の幅が広がります。「長」または「完全」よりも半音1つ広がった場合、「増」に変化します。

「長●度」→「増●度」

「完全●度」→「増●度」

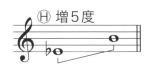

② 減音程

　もし次の譜例に変化記号が付いていなければ、譜例Ⓘ～Ⓛは「短音程」、譜例Ⓜ～Ⓞは「完全音程」です。2音のうち高い方にフラットが付いたり、低い方にシャープが付いたりすれば、それだけ音の幅が狭くなります。「短」または「完全」よりも半音1つ狭まった場合、「減」に変化します。

「短●度」→「減●度」

「完全●度」→「減●度」

　「完全1度」は全く同じ高さの音程です。それよりも音の幅（隔たり）が狭くなるということは実際には起こり得ないため、「減1度」はありません。

　Ⓓと①「ファ♭」は「ミ」と、Ⓚ「ミ♯」は「ファ」と異名同音です。実際の音（実音）では同じ高さの音ですが、理論上は区別します。例えば、①の2音は実音では同じ高さなので「完全1度」と思うかもしれませんが、五線譜上ではあくまでも「ミ－ファ」の「2度」と考えます。

6-5. 音程変化のまとめ

　前ページで変化記号が付くことによって、「長」→「増」、「短」→「減」、「完全」→「増」または「減」に変化すると説明しました。当然、「長」→「短」、または「短」→「長」に変化することもあります。

「長3度」→「短3度」　　　　　　　　　　　　「短6度」→「長6度」

　「長」「短」「完全」「増」「減」それぞれの関係を図にすると、次のようになります。

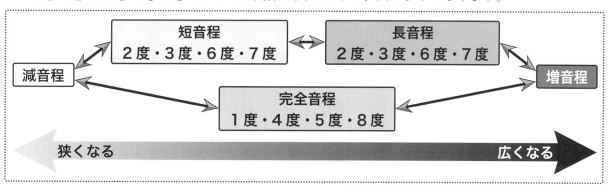

6-6. 複音程

　ここまで説明してきた全ての音程は、1オクターヴ以内でした。これらは、「**単音程**」といいます。1オクターヴを超える2音間の幅（隔たり）のことを「**複音程**（または複合音程）」といいます。例えば、譜例1のⒶは「9度」ですが「1オクターヴ（完全8度）＋2度」、Ⓑは「12度」ですが「1オクターヴ（完全8度）＋5度」と分割して考えることができます。

譜例1

練習問題 6-1

【問題1】

次の①〜㉕の音程を（　）内に答えなさい。

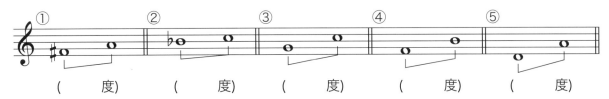

（　　度）　（　　度）　（　　度）　（　　度）　（　　度）

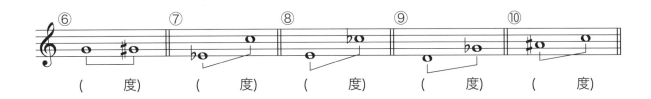

（　　度）　（　　度）　（　　度）　（　　度）　（　　度）

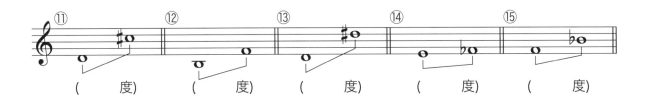

（　　度）　（　　度）　（　　度）　（　　度）　（　　度）

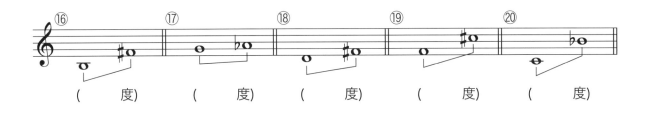

（　　度）　（　　度）　（　　度）　（　　度）　（　　度）

（　　度）　（　　度）　（　　度）　（　　度）　（　　度）

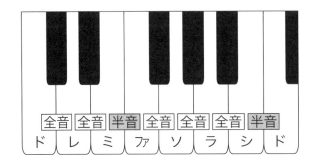

理論編
第7章
和音と和声

　和音（コード）とは、高さの異なる2音以上の音が同時に響いたときの音のことです。音と音の幅（隔たり）がどのくらいあるか、それによって和音の響きは様々です。和声（ハーモニー）とは、和音の連結（和音の進行）のことを意味します。西洋音楽では、「音楽の三要素」の一つと考えられています（音楽の三要素：リズム・メロディ・ハーモニー）。

　和音と和声を理解することは、音楽の成り立ち（構造）を理解することにつながります。やや難しい内容ですが、これらがわかるようになると、きっとこれまで以上に音楽の面白さを実感できるようになるでしょう。なお、本章の後半で扱う「コードネーム」は、保育者や小学校教諭が子どもの歌をコード伴奏で弾く際に必要になります。実践に結び付けることができるようしっかりと学びましょう。

　この章の内容を理解するためには、「第1章：音の高さ」「第5章：音階と調」「第6章：音程」の知識を総動員する必要があります。これらの章も必要に応じて振り返りながら、少しずつ理解してください。

7-1. 三和音

　西洋音楽の伝統的な和声の中心にあるのは、「**三和音**」です。三和音とは、ある音の上に3度と5度(つまり3度の積み重ね)によって構成されている和音のことをいいます。譜例1を見てください。「中央のド」から3度上の「ミ」、さらに3度上の「ソ」(＝中央のドから5度上)の3音が重なっています。これが三和音の基本的な形です。

　また、和音の構成音は、それぞれ次のような名称で呼ばれます。1番下の音が「**根音**」、その根音から3度上が「**第3音**」、根音から5度上が「**第5音**」です(譜例2)。

譜例1　　　　　　　　　　　　　　　　譜例2

　次に、ハ長調の音階を示します。

　ハ長調の構成音の上に音を重ね、三和音を作ってみます(譜例3)。

　主音を根音とする三和音のことを「**主和音**」、下属音の場合は「**下属和音**」、属音の場合は「**属和音**」といいます。この3つの和音の総称を「**主要三和音**」といい、曲中において重要な役割を果たします(それ以外の和音は、「**副三和音**」といいます)。

　※ローマ数字の大文字・小文字については、次のページで説明します。

譜例3

　続いて、イ短調の音階を示します。和声について考える際には、**和声短音階**を用います。

　イ短調(和声短音階)の構成音の上にも、三和音を作ってみます(譜例4)。主和音、下属和音、属和音の位置は、長音階と全く同じです。

譜例4

次に、三和音の構造についてより詳しく見ていきます。譜例3と4にあるローマ数字に、大文字・小文字・小文字に○・大文字に＋の4種類があることに気付くと思います。これは、三和音を構成する音の重なり方に違いがあることを示しており、大文字は「**長三和音**」、小文字は「**短三和音**」、小文字○は「**減三和音**」、大文字＋は「**増三和音**」です。それぞれの特徴について、以下に説明します。

① 長三和音

例として、ハ長調の「Ⅰ」の三和音(譜例5)を用いて、説明します。
・根音と第3音の音程が「**長3度**」
・第3音と第5音の音程が「**短3度**」
となっている三和音のことをいいます。
(根音と第5音の音程が「**完全5度**」)

譜例5

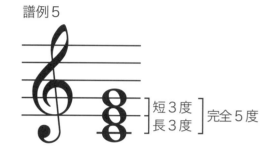

② 短三和音

例として、ハ長調の「ⅱ」の三和音(譜例6)を用いて、説明します。
・根音と第3音の音程が「**短3度**」
・第3音と第5音の音程が「**長3度**」
となっている三和音のことをいいます。
(根音と第5音の音程が「**完全5度**」)

譜例6

③ 減三和音

例として、ハ長調の「ⅶ○」の三和音(譜例7)を用いて、説明します。
・根音と第3音の音程が「**短3度**」
・第3音と第5音の音程が「**短3度**」
となっている三和音のことをいいます。
(根音と第5音の音程が「**減5度**」)

譜例7

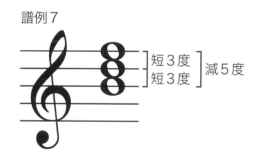

④ 増三和音

例として、イ短調(和声短音階)の「Ⅲ＋」の三和音(譜例8)を用いて、説明します。
・根音と第3音の音程が「**長3度**」
・第3音と第5音の音程が「**長3度**」
となっている三和音のことをいいます。
(根音と第5音の音程が「**増5度**」)

譜例8

7-2. 七の和音（四和音）

　三和音の上に、さらに3度上の音を重ねた和音を「**七の和音**」といいます。その重ねられた音は、根音から7度の音程にあり、「**第7音**」と呼ばれます。「7-1.三和音」の譜例3（ハ長調の和音）と譜例4（イ短調（和声短音階）の和音）に第7音を加えると、次の譜例1と2のようになります。

譜例1

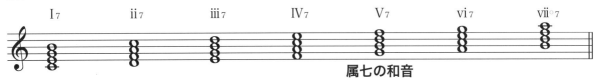

属七の和音

譜例2

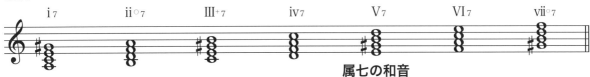

属七の和音

① 属七の和音

　長三和音＋短3度（根音から短7度）の構成になっている和音（属和音＋第7音に限らず）を、「**属七の和音**」といいます。第3音と第7音の音程が減5度のため不安定な響きの和音で、その解決のため安定感のある**主和音へ進行する傾向が強く、調を確立する上で重要な役割を果たす**と考えられています。そのため、「七の和音」の中でもっとも頻繁に用いられる非常に重要な和音です。

八長調：属七の和音

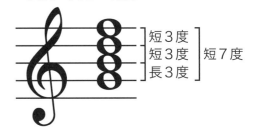

② その他の「七の和音」

・長七の和音

　長三和音＋長3度（根音から長7度）の構成になっている和音。I$_7$　IV$_7$　VI$_7$

・短七の和音

　短三和音＋短3度（根音から短7度）の構成になっている和音。ii$_7$　iii$_7$　vi$_7$　iv$_7$

・減七の和音

　短調の導音から作られ、減三和音＋短3度（根音から減7度）の構成になっている和音。vii○$_7$

・増七の和音

　増三和音＋短3度（根音から長7度）の構成になっている和音。III+$_7$

・導七の和音

　減三和音＋長3度（根音から短7度）の構成になっている和音。vii○$_7$（長調）ii○$_7$

・短三長七の和音

　短三和音＋長3度（根音から長7度）の構成になっている和音。i$_7$

7-3. 転回形

　三和音の構成音は、常に下から「根音」「第3音」「第5音」の順で重なっているわけではありません。重なる順がひっくり返ることがあります。三和音だけでなく、七の和音を含む他の和音も同様です。これを、和音の「**転回形**」といいます。

　例として、ハ長調の主和音で説明します(譜例1)。

　根音が最低音の状態を「**基本形**」、第3音が最低音の状態を「**第1転回形**」、第5音が最低音の状態を「**第2転回形**」といいます。和音を構成する音の組み合わせは同じですが、転回すると音程が変化します。

譜例1

　次の譜例2は、七の和音の転回形です(ハ長調属七の和音)。基本形から第2転回形までは三和音と同じですが、七の和音は四和音なので第7音が最低音の状態となる「**第3転回形**」があります。

譜例2

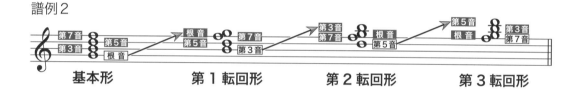

　曲中において、なぜ基本形だけでなく転回形が用いられるのでしょうか。

　譜例3は、ハ長調の主要三和音を基本形のみで並べたピアノ伴奏譜です(下属和音と属和音を主和音が挟む和音進行です)。和音間に引いた矢印の角度に注目してください。最低音の動き(ベースライン)が凸凹しているのがわかります。音楽全体を支える最低音が常に落ち着きなく上下するようでは安定性に欠けますし、音楽の横の流れが阻害されてしまいます。また、この楽譜を演奏しようとしたとき、左手の移動が激しいため、とても弾きにくいことがわかります。

　このような問題は、転回形を用いることによって解決することができます。譜例4は、譜例3の下属和音と属和音を転回形にしたものです。矢印が水平かそれに近くなり、凸凹が解消されていることがわかります。また、左手の移動も必要なくなっていることに気付くでしょう。

譜例3

譜例4

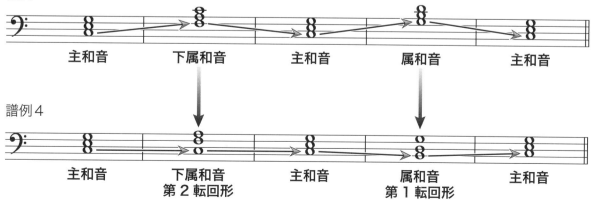

7-4. 和音の機能と終止形

　音階の上にできる和音には、それぞれ特徴があります。その特徴によって、曲中で果たす役割が変わってきます。ここでは、主要三和音について説明します。

　主和音のことを英語で「**トニック**(Tonic)」、属和音のことを「**ドミナント**(Dominant)」、下属和音のことを「**サブドミナント**(Subdominant)」といいます。これらの和音の機能については、それぞれの頭文字の「T」「D」「S」を用いて表されることが多いです。

① 主和音（トニック）：T

　全体の中で中核を成す和音で、安定感があります。「落ち着き」や「解決」といった印象を受けます。この和音の次は、どの和音にもつなげやすいという特徴もあります。また、終止感（曲が終わった感じ）を出すために曲の最後に用いられることが多いです。

② 属和音（ドミナント）：D

　不安定で緊張感があり、それを解決するため安定感のある主和音に進もうとする力が強い和音です。どの和音でも、このドミナントに進むことができます。

③ 下属和音（サブドミナント）：S

　トニックとドミナントの中間的存在で、やや不安定さの感じられる和音です。様々な和音につなげやすいので、発展性のある和音です。トニックとドミナントどちらにも進むことができます。

主要三和音の進行

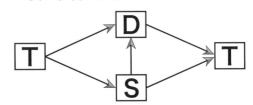

　右上の「主要三和音の進行」は、次の3つに分けることができます。
Ⓐ「T → D → T」
Ⓑ「T → S → T」
Ⓒ「T → S → D → T」
この3つのことを「**カデンツ**（終止形）」といいます。

Ⓐ TDT

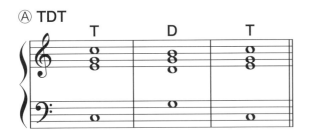

Ⓑ TST

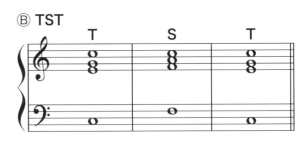

Ⓒ TSDT

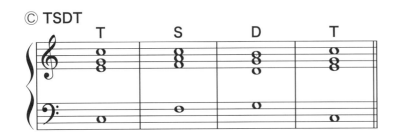

7-5. 終止

　楽曲やフレーズの終わりなどに見られる特有の和声構造のことを「終止」といいます。完全に終わった感じになるもの、中間で一段落するが次に続く部分を期待させるもの、軽く一区切りする感じになるものなど様々あります。

① 完全終止

　D（V）→T（I：基本形）の和声で、最高音（または主旋律）が主音の場合です。完全に終わった感じ（終止感）があり、楽曲の最後や曲の途中でもよく用いられます。

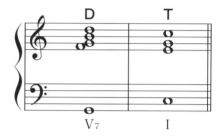

② 不完全終止

　D（V）→T（I）の和声で、Tが転回形か最高音（または主旋律）が主音以外の場合です。完全終止よりも終止感が得られないため、主に曲の途中で用いられます。

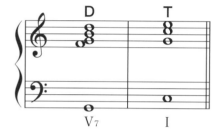

③ 変終止（変格終止）

　S（IV：基本形）→T（I：基本形）の和声で、よく讃美歌の最後「アーメン」で用いられるため「アーメン終止」とも呼ばれます。SはDよりも開放的な響きがあります。

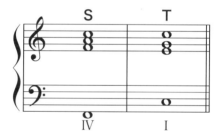

④ 半終止

　D（V）でフレーズが終わります。終わった感じ（終止感）がなく、次に続く部分への期待感があるため、楽曲の最後ではなく途中で用いられます。

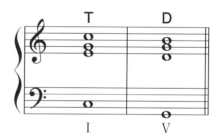

⑤ 偽終止

　V→viでフレーズを終える和声進行です。曲を聴く者はIに進行すると思いますが、viになることで意外感が生まれます。そのため、偽終止と呼ばれます。この場合、viはIの代理和音として用いられるため、楽曲の最後には用いられません。

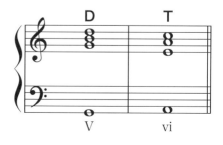

⑥ ピカルディ3度

　短調の主和音は短三和音ですが、楽曲の最後を長三和音にして終える和声進行です。バロック時代の名曲では、この終止がしばしば用いられています。下の譜例はイ短調ですが、最後の小節で第3音を半音上げることでイ長調の主和音に変化させています。

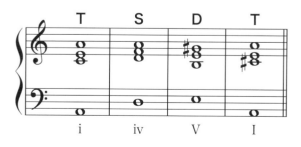

7-6. 協和音と不協和音

　音程を構成する2音がとても調和が取れている組み合わせのことを「**協和音程**」といい、その音程はさらに「**完全協和音程**」と「**不完全協和音程**」に分けられます。これに対して調和が取れておらず不安定さや緊張を感じさせる組み合わせのことを「**不協和音程**」といいます。また、協和音程のみで構成されている和音のことを「**協和和音**」といい、これに対して不協和音程を含む和音のことを「**不協和和音**」といいます。協和音は協和和音と、不協和音は不協和和音と同義です。

① 完全協和音程

　協和音程の中で、もっとも調和の度合いが高い音程のことをいいます。**完全1度**(ユニゾン)、**完全8度**(オクターヴ)、**完全4度**、**完全5度**がこれにあたります。

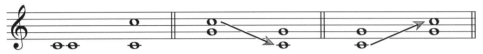

完全1度　完全8度　　完全4度 ▶ 完全5度　　完全5度 ▶ 完全4度

② 不完全協和音程

　よく調和するけれど、完全協和音程と比較すると調和度がやや低い音程のことをいいます。**長・短の3度と6度**がこれにあたります。

長3度 ▶ 短6度　　短6度 ▶ 長3度　　短3度 ▶ 長6度　　長6度 ▶ 短3度

③ 不協和音程

　2音が調和しない音程のことをいいます。**長・短の2度と7度**、それから**全ての増・減音程**がこれにあたります。

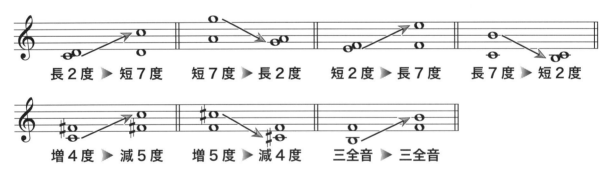

長2度 ▶ 短7度　　短7度 ▶ 長2度　　短2度 ▶ 長7度　　長7度 ▶ 短2度

増4度 ▶ 減5度　　増5度 ▶ 減4度　　三全音 ▶ 三全音

　ある2音の音程のうち、低い方をオクターヴ上に、または高い方をオクターヴ下にすると音程が変化します。これを「転回音程」といいます(上の譜例の矢印を参照)。音程が転回した場合、「**完全→完全**」「**長→短**」「**短→長**」「**増→減**」「**減→増**」「**三全音→三全音**」となります。つまり、**音程が転回しても完全協和音程、不完全協和音程、不協和音程に変化はありません。**

　※「協和」と「不協和」の線引きはピタゴラス理論の考え方で、西洋音楽理論において長く用いられてきたものです。しかし、「協和」と「不協和」の線引きは、時代や民族によって異なったり変化しているので、実のところこの2つを明確に分けることは困難とされています。

7-7. 非和声音（和音外音または和声外音）

非和声音の説明をする前に、「**進行**」について触れなければなりません。進行とは、旋律の音の高さが変わる際の動きのことで、「**順次進行**」と「**跳躍進行**」があります。進行には上行か下行の2方向があり、順次進行は**2度の進行**（譜例1）、跳躍進行は**3度以上の進行**（譜例2）のことをいいます。

譜例1：順次進行

譜例2：跳躍進行

よく和音の構成音以外の音が用いられ、**瞬間的に不協和音になる**ことがあります。これを、「**非和声音**」といいます。非和声音は、パターンによって次のように分類されます。

① 経過音

高さの異なる和音の構成音の間を、順次進行でつないでいる音。

② 刺繍音（ししゅうおん）、または補助音

同じ高さの和音の構成音の間を、順次進行で飾っている音。

③ 掛留音（けいりゅうおん）

前の和音の構成音が引き延ばされ、次の和音にかかっている音。通常、タイで強拍に現れ、順次進行により弱拍で解決されます。

④ 先取音、または先行音

通常順次進行で、次の和音の構成音を先取りした音。和音が変わる際、同じ音が奏でられます。

⑤ 倚音（いおん）

強拍かそれに準ずる拍に置かれた和音の構成音以外の音で、順次進行で解決します。

⑥ 逸音（いつおん）

順次進行で和音の構成音以外の音になり、次の和音において跳躍進行で解決します。

HISTORY

W. A. モーツァルト（1756〜1791）作曲：弦楽四重奏曲第19番「不協和音」

この曲の冒頭部分は、不協和音が連続し強い不安感が醸し出されます。作曲当時、不協和音がしばらく解決されることなく継続する作曲手法は非常に斬新で、保守的な音楽家に批判されたり、出版の際には写譜の間違いと疑われました。しかし、後の作曲家達に大きな影響を与える革新的な音楽を生み出したからこそ、彼は「天才」「偉人」と称されるのでしょう。

7-8. コードネーム

コードネームとは、ジャズやポピュラー音楽で用いられる記号で、英語の音名、数字、その他の記号の組み合わせによって和音の構成音を表したものです。楽譜上の音符を分析しなくても、すぐに和音の種類を判別することができるため、ピアノやギターによる伴奏をする際には非常に役立ちます。保育・教育の現場では、子どもの歌をコードネームを頼りに伴奏する「コード伴奏法」がよく用いられます。

実は、コードネームの書き方は、世界で統一されているわけではありません。ここでは、もっとも広く（特に日本で）用いられている書き方で紹介します。

根音の音名。英語の音名が大文字で書かれます。

和音の種類。「長」は何もなし、「短」＝m、「減」＝dim、「増」＝augが書かれます。

三和音に追加される音。例えば、「7」であれば根音から短7度、「M7」であれば根音から長7度の第7音が追加されていることを意味します。

それでは、本章「7-1. 三和音」で説明した各種和音がコードネームでどのように書き表されるのか見ていきます。

① 長三和音：Major Triad

メジャー・トライアドと読みます。メジャーは「長」、トライアドは「三和音」のことです。

この和音のコードネームは、根音のみが書かれています。譜例1の「F」は、ファを根音とし、その根音から長3度、短3度の幅で音が重なることを意味します。つまり、「ファラド」を示します。

譜例1

② 短三和音：Minor Triad

マイナー・トライアドと読みます。マイナーは「短」、トライアドは「三和音」のことです。

この和音は、根音の大文字の次に「マイナー」を表す小文字の「m」が付きます。譜例2の「Em」は、ミを根音とし、その根音から短3度、長3度の幅で音が重なることを意味します。つまり、「ミソシ」です。

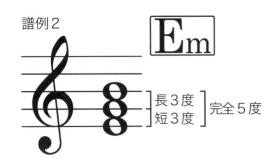

譜例2

③ 減三和音：Diminished Triad

日本ではディミニッシュ・トライアドと称します。ディミニッシュは「縮小する」「減少する」という意味です。コードネームでは略して「dim」と書きます。

譜例3の「Bdim」は、シを根音とし、その根音から短3度、短3度の幅で音が重なることを意味します。つまり、「シレファ」を示します。

譜例3

④ 増三和音：Augmented Triad

オーグメンテッド・トライアドと読みます。オーグメントは「増す」「増大する」という意味です。コードネームでは略して「aug」と書きます。

譜例4の「Caug」は、ドを根音とし、その根音から長3度、長3度の幅で音が重なることを意味します。つまり、「ドミソ♯」を示します。

譜例4

長3度
長3度 ｝増5度

※ディミニッシュ・トライアドは、次のように書かれることもあります。　$C_m{}^{-5}$　$C_m{}^{♭5}$

※オーグメンテッド・トライアドは、次のように書かれることもあります。　C^{+5}　$C^{♯5}$

次に、「7-2. 七の和音（四和音）」で説明した各種和音がコードネームでどのように書き表されるのか見ていきます。子どもの歌において、使用頻度の高い「属七」と「短七」を中心に説明します。

⑤ 属七の和音：(Dominant) Seventh Chord

長三和音（メジャー・トライアド）のコードネームに、第7音（根音から短7度）が追加されていることを表すために「7」を右隣に書きます。

譜例5の「D7」は、レを根音とする長三和音＝「レファ♯ラ」に、根音から短7度上のドが加わっていることを意味します。

譜例5

短3度
短3度 ｝短7度
長3度

⑥ 短七の和音：Minor Seventh Chord

短三和音（マイナー・トライアド）のコードネームに、第7音（根音から短7度）が追加されていることを表すために「7」を右隣に書きます。

譜例6の「Am7」は、ラを根音とする短三和音＝「ラドミ」に、根音から短7度上のソが加わっていることを意味します。

譜例6

短3度
長3度 ｝短7度
短3度

⑦ その他の「七の和音（セブンス・コード）」

長七の和音
メジャー・セブンス

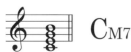

減七の和音
ディミニッシュ・セブンス

増三和音 + 短七度の和音
オーグメンテッド・セブンス

増七の和音
オーグメンテッド・
メジャー・セブンス

導七の和音
マイナー・セブンス・フラット・ファイブ
またはハーフ・ディミニッシュ

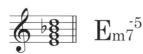

短三長七の和音
マイナー・メジャー・セブンス

※M7は、maj7と表記されることもあります。

ジャズやポピュラー音楽では、不協和になる和音が頻繁に用いられます。子どもの歌ではあまり見かけないのですが、比較的新しく作曲された曲や伴奏が洒落た感じに編曲されている楽譜などにはそうした和音が使われていることがあります。ここでは、「**シックス・コード**（六の和音）」と「**サスペンデッド・フォース・コード**」を紹介します。

「六の和音」というと、二つの意味があります。一つは、三和音の第1転回形（第3音とその上の根音の音程が6度となるから）のこと、もう一つは**三和音に第6音を追加した四和音**のことをいいます。ここでの説明は、もちろん後者です。

⑧ Major Sixth Chord

長三和音（メジャー・トライアド）のコードネームに、第6音（根音から長6度）が追加されていることを表すために「6」を右隣に書きます。

譜例7の「C6」は、ドを根音とする長三和音＝「ドミソ」に、根音から長6度上のラが加わっていることを意味します。

譜例7

⑨ Minor Sixth Chord

短三和音（マイナー・トライアド）のコードネームに、第6音（根音から長6度）が追加されていることを表すために「6」を右隣に書きます。

譜例8の「Dm6」は、レを根音とする短三和音＝「レファラ」に、根音から長6度上のシが加わっていることを意味します。

譜例8

※シックス・コードは、セブンス・コードと同じ構成音になることがあります。例えば、譜例7の「C6＝ドミソラ」は、「Am7＝ラドミソ」と同じです。

次に、サスペンデッド・フォース・コードです。長いので「サス・フォー」と略して呼ぶのが一般的です。サスペンデッドは「保留する」「延期する」、フォースは「第4音」を意味します。

⑩ Suspended Fourth Chord

このコードでは、例外的に第3音に代わり第4音を用います。根音から完全4度と完全5度の組み合わせによる三和音です（譜例9）。第4音と第5音の音程が長2度で不安定な響きの不協和音となるため、必ず安定感のある協和音へ解決する特徴があります。

コードネームは、根音右隣に「sus4」と書きます。

譜例9

このコードは、協和音への解決が第4音によって保留されている状態です。そのため、譜例10のように次の和音に進行する際には、第4音が第3音へ移行して協和音になります。

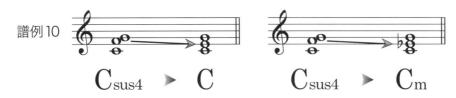

譜例10

⑪ オン・コード、またはスラッシュ・コード

和音では最低音が何かが、響きに大きな影響を与えるため非常に重要です。しかし、楽譜に記載されているコードネームは通常、基本形なのか転回形なのか示されていません。また、最低音が非和声音の場合も困ります。そこで、転回形を示したい場合や、非和声音を最低音として用いる場合に、「**オン・コード**」または「**スラッシュ・コード**」という書き方を用います。譜例11がオン・コードの書き方、譜例12がスラッシュ・コードの書き方です。「on」または「/」の左側がコードネーム、右側が最低音（単音：英語の音名）です。どちらも、意味するところは同じです。

譜例11

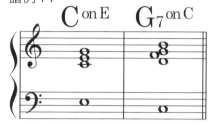

譜例12

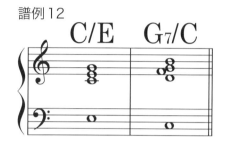

※「C on E」及び「C/E」は、「C＝ドミソ」のミ（第3音）が最低音なので、第1転回形であることを表しています。「G7 on C」及び「G7/C」は、「G7＝ソシレファ」なので、最低音に非和声音のドが用いられていることを表しています。

7-9. 分散和音

和音の構成音を同時ではなく、分けて演奏することを「**分散和音**」といいます。分散和音を上手く用いることによって、伴奏がリズミカルで軽快な感じになったり、滑らかな雰囲気になったり、曲を表情豊かにしたりすることができます。また、和音を奏でられない単音楽器の場合、分散和音を演奏することによって和音を表現できるようになるという利点があります。

譜例1のⒷとⒸは、Ⓐの和音を分散させた伴奏パターン例です。なお、Ⓒは、「**アルベルティ・バス**」と名付けられた形式で、子どもの歌の伴奏でもよく用いられています。

譜例1

※理論編第4章「4-4. 奏法記号」の⑪「**アルペジオ**」も分散和音の一つです。また、ギターの奏法には、分散和音で演奏する「アルペジオ奏法」という弾き方があります。

HISTORY

J. S. バッハ（1685〜1750）が作曲した分散和音による名曲

平均律クラヴィーア曲集第1巻第1番より「プレリュード」は、曲全体が分散和音の連続でできています。この分散和音の連続だけでも十分に美しいのですが、後にフランスの作曲家 C. F. グノー（1818〜1893）がこの曲を伴奏に、新しくメロディを書き加え「アヴェ・マリア」という美しい歌曲を生み出しました。

※クラヴィーア（ドイツ語）：鍵盤を有する弦楽器（現代ではピアノ）のこと。

実践練習 7-1

【実践1】

　次の楽譜は、各調の主要三和音及び属七の和音です。これをピアノ（左手）で弾けるようにしなさい。

ハ長調

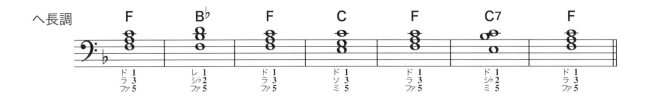

ヘ長調

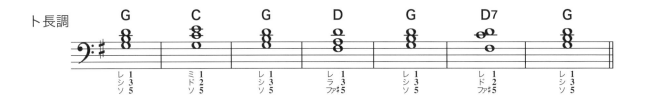

ト長調

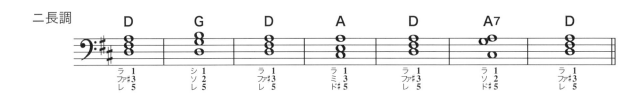

ニ長調

変ホ長調

※セブンス・コードの場合、4音のうち1音を省略して伴奏することがよくあります。第5音が
　省略されることが比較的多いため、ここではその形にしています。

※音名の右横に書かれている数字は、指番号です。必ず、これに従って弾きましょう（詳細は、
　実践編第1章「1-2.ピアノの基礎」を参照のこと）。

練習問題 7-1

【問題1】

　次の楽譜に書かれた転回形の和音を（　）内に基本形に直して書きなさい。また、その三和音が長・短・減・増のどれか〔　〕内に書きなさい。なお、①〜⑤はト音譜表、⑥〜⑩はヘ音譜表なので注意すること。

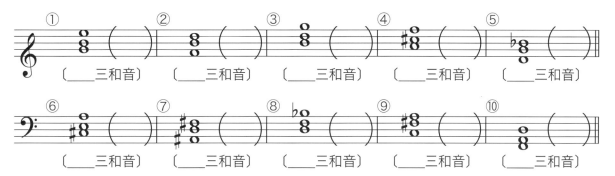

〔＿＿三和音）　　〔＿＿三和音）　　〔＿＿三和音）　　〔＿＿三和音）　　〔＿＿三和音）

〔＿＿三和音）　　〔＿＿三和音）　　〔＿＿三和音）　　〔＿＿三和音）　　〔＿＿三和音）

【問題2】

　次の楽譜上に記した三和音の第3音・第5音のどちらか、またはその両方に「♯」か「♭」を付け、楽譜下に指示した三和音にしなさい。なお、①〜⑤はト音譜表、⑥〜⑩はヘ音譜表なので注意すること。

例題1 ⟶ 正解　　例題2 ⟶ 正解

短三和音　　短三和音　　　長三和音　　長三和音

長三和音　　　　減三和音　　　　増三和音　　　　短三和音　　　　長三和音

長三和音　　　　短三和音　　　　短三和音　　　　増三和音　　　　減三和音

【問題3】

　次の楽譜①〜⑩の音程が、「完全協和音程」「不完全協和音程」「不協和音程」のどれに該当するか（　）内に書きなさい。なお、①〜⑤はト音譜表、⑥〜⑩はヘ音譜表なので注意すること。

※ここでいう協和・不協和はピタゴラス理論に基づくものとする。

（＿＿協和音程）（＿＿協和音程）（＿＿協和音程）（＿＿協和音程）（＿＿協和音程）

（＿＿協和音程）（＿＿協和音程）（＿＿協和音程）（＿＿協和音程）（＿＿協和音程）

練習問題 7-2

【問題1】

次の楽譜に書かれた和音のコードネームを（　）内に書きなさい。なお、①〜⑩はト音譜表、⑪〜⑳はヘ音譜表なので注意すること。

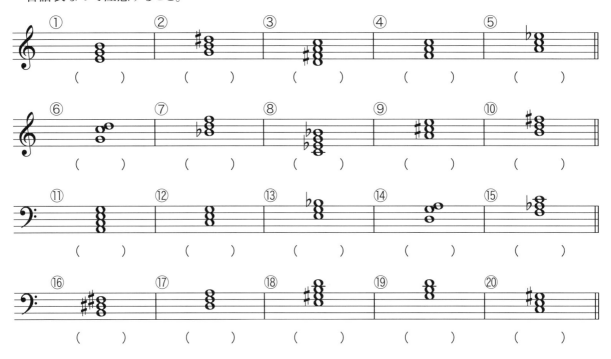

【問題2】

次の楽譜下に示したコードネームを、楽譜上に全音符で書きなさい。なお、①〜⑩はト音譜表、⑪〜⑳はヘ音譜表なので注意すること。

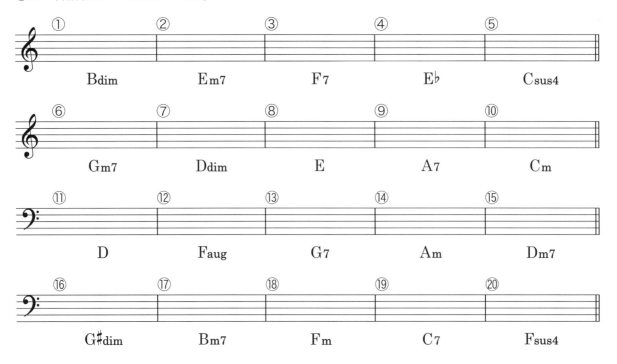

練習問題の解答

練習問題 1-1

【問題1】

日本語	ヘ	嬰ハ	変ホ	イ	嬰ト	ロ	嬰ヘ	変ニ	ト	変ロ
英語	F	C♯	E♭	A	G♯	B	F♯	D♭	G	B♭

【問題2】

A ①ソ ②レ ③シ ④ファ ⑤ド ⑥ミ ⑦ド ⑧ラ ⑨レ ⑩ファ
B ①ラ ②ミ ③ファ ④シ ⑤ソ ⑥レ ⑦ソ ⑧シ ⑨シ ⑩ド
C ①ファ ②ド ③シ ④ラ ⑤ミ ⑥レ ⑦ラ ⑧シ ⑨ソ ⑩レ
D ①ソ ②レ ③ラ ④ミ ⑤シ ⑥ソ ⑦ミ ⑧ド ⑨ファ ⑩シ

【問題3】

練習問題 1-2

【問題1】

A ①11 ②16 ③22 ④1 ⑤27 ⑥14 ⑦7 ⑧20 ⑨24 ⑩4
B ①9 ②16 ③5 ④24 ⑤11 ⑥3 ⑦27 ⑧10 ⑨18 ⑩8
C ①16 ②2 ③28 ④21 ⑤11 ⑥4 ⑦14 ⑧7 ⑨23 ⑩19
D ①15 ②25 ③10 ④28 ⑤6 ⑥22 ⑦13 ⑧17 ⑨3 ⑩9
E ①13 ②5 ③19 ④29 ⑤8 ⑥26 ⑦12 ⑧1 ⑨25 ⑩18
F ①6 ②15 ③26 ④2 ⑤20 ⑥9 ⑦17 ⑧27 ⑨23 ⑩12

練習問題 1-3

【問題1】

A ①13 ②7 ③22 ④26 ⑤11 ⑥29 ⑦4 ⑧19 ⑨25 ⑩10
B ①4 ②14 ③22 ④28 ⑤3 ⑥9 ⑦24 ⑧30 ⑨12 ⑩15
C ①21 ②2 ③7 ④29 ⑤26 ⑥15 ⑦5 ⑧16 ⑨23 ⑩13
D ①11 ②20 ③28 ④4 ⑤17 ⑥8 ⑦25 ⑧3 ⑨31 ⑩18
E ①23 ②10 ③4 ④16 ⑤14 ⑥8 ⑦27 ⑧20 ⑨1 ⑩19
F ①18 ②9 ③24 ④27 ⑤2 ⑥12 ⑦30 ⑧21 ⑨5 ⑩14

練習問題 1-4

【問題1】

① 全音　② 半音　③ 全音　④ 半音　⑤ 全音　⑥ 全音　⑦ 半音　⑧ 全音　⑨ 半音　⑩ 全音

【問題2】

【問題3】

練習問題 2-1

【問題1】

	音符の名称	記号	長さ
①	全音符	o	4 拍
②	付点2分音符	𝅗𝅥.	3 拍
③	2分音符	𝅗𝅥	2 拍
④	付点4分音符	♩.	1と1/2 拍
⑤	4分音符	♩	1 拍
⑥	付点8分音符	♪.	3/4 拍
⑦	8分音符	♪	1/2 拍
⑧	16分音符	♬	1/4 拍

	休符の名称	記号	長さ
⑨	16分休符	𝄿	1/4 拍
⑩	8分休符	𝄾	1/2 拍
⑪	付点8分休符	𝄾.	3/4 拍
⑫	4分休符	𝄽	1 拍
⑬	付点4分休符	𝄽.	1と1/2 拍
⑭	2分休符	▬	2 拍
⑮	付点2分休符	▬.	3 拍
⑯	全休符	▬	4 拍

練習問題 2-2

【問題1】

【問題2】

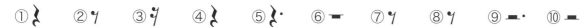

練習問題 3-1

【問題1】

【問題2】

① 3/4　② 4/4　③ 6/8　④ 2/4

練習問題 4-1

【問題1】

① A B A B C D E C D F 〔10小節〕

② A B C D A B C E F A B G H 〔13小節〕

③ A B C D E F G C D E 〔10小節〕

④ A B C D E C D E C D E C D F 〔14小節〕

⑤ A B C D E C D E F C D G H 〔13小節〕

練習問題 4-2

【問題1】

①スタッカート：その音を短く切って
②スラー：弧線の範囲を滑らかに
③メッゾ・フォルテ：やや強く
④クレシェンド：しだいに強く
⑤アクセント：その音を強調して

⑥フェルマータ：ほどよく伸ばす（任意の長さで）
⑦テヌート：その音の長さを十分に保って
⑧レガート：滑らかに
⑨タイ：同じ高さの音をつなげて演奏する
⑩ディミヌエンド：しだいに弱く

練習問題 5-1

【問題1】

①ト短調（和声短音階）

②ニ長調

③変ホ長調
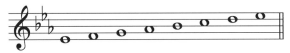

④イ長調
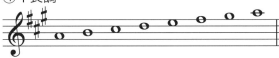

⑤ホ短調（和声短音階）
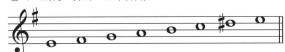

⑥変イ長調

⑦ニ短調（旋律短音階：上行形・下行形）

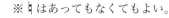
※♮はあってもなくてもよい。

⑧ロ短調（旋律短音階：上行形・下行形）

※♮はあってもなくてもよい。

練習問題 5-2

【問題1】

① （イ短調）　② （ホ長調）　③ （ヘ短調）　④ （ニ長調）　⑤ （嬰ヘ短調）

⑥ （ホ短調）　⑦ （ハ短調）　⑧ （イ長調）　⑨ （ヘ長調）　⑩ （変ロ長調）

【問題2】

① ト長調

② ヘ長調

③ 二長調

④ 変ロ長調

練習問題 6-1

【問題1】

① 短3　② 長2　③ 完全4　④ 増4　⑤ 完全5　⑥ 増1　⑦ 長6　⑧ 減6　⑨ 減4

⑩ 減3　⑪ 長7　⑫ 減5　⑬ 増8　⑭ 減2　⑮ 完全4　⑯ 完全5　⑰ 短2　⑱ 長3

⑲ 増5　⑳ 短7　㉑ 短3　㉒ 完全4　㉓ 短2　㉔ 完全5　㉕ 短3

練習問題 7-1

【問題1】

【問題2】

長三和音　　　短三和音　　　短三和音　　　増三和音　　　減三和音

【問題3】

① 不　　② 完全　　③ 不完全　　④ 不　　⑤ 不完全　　⑥ 完全　　⑦ 不完全　　⑧ 不完全

⑨ 不　　⑩ 完全

練習問題 7-2

【問題1】

① Em　　② Gaug　　③ D7　　④ F　　⑤ Adim　　⑥ Gsus4　　⑦ B♭　　⑧ Cm7

⑨ A　　⑩ Bm　　⑪ Am7　　⑫ C　　⑬ Edim　　⑭ Dsus4　　⑮ Fm　　⑯ B

⑰ Dm　　⑱ E7　　⑲ G　　⑳ Caug

【問題2】 ※高さがオクターヴ上または下の解答でも構いません。

実践編
第1章
ピアノ及びギターの
基礎

　現在、日本の保育・教育現場では、伴奏楽器としてピアノを用いるのが通常化しています。おそらく、今後もそれが変わる可能性は低いでしょう。ですから、本章では最初にピアノの基礎について触れます（なお、未経験者及び初心者が対象です）。しかし、子どもの歌の伴奏は「ピアノでなければならない」という決まりはありません（保育士試験では、ピアノ・ギター・アコーディオンから選択できます）。筆者は保育・教育現場におけるギターの地位向上を目指しているので、ギターについても触れます。

　それぞれの楽器には、伴奏楽器としてのメリットとデメリットがあると考えられます。歌唱指導者が伴奏楽器に何を選択するのか、今後その自由度がもっと高くなっていくことを期待しています。

🎼 1-1. 練習上の留意点

　何かを成し遂げようとするとき、よく「継続は力なり」という言葉が用いられます。英語圏でも「Continuity is the father of success（継続は成功の父である）」という、日本と似たようなことわざがあります。ピアノやギターなど、楽器の演奏技術を身に付けようとする際も、こうした考えを常に持ち実践しなければなりません。しかし、闇雲に練習しても、非効率で思うように上達しません。ここでは、練習する上で留意すべきことを記述します。

① 毎日練習する習慣を身に付けましょう

　よく「平日は忙しいから、週末にまとめて練習します」という人がいます。残念ながら、それでは上達のスピードは遅いでしょう。たとえ短時間であっても、毎日練習することが重要であることは、脳科学的にも証明されています。人の脳はコンピュータほど優れた記憶媒体ではありません。一度身に付けたと思っても、忘れたり薄れたりするものです。ですから、絶えず上書きしていかなければなりません。これは、他の勉強でもスポーツでも同じです。自分の人生を振り返れば、誰でも続けることの大切さを実感した経験があるのではないでしょうか。

　このような話をすると、「毎日何時間練習すればいいのか？」という質問を受けることがあります。それは、人によって、取り組んでいる曲によって、またはその他の要素によって異なると思います。上達の早い人・遅い人、調子の良いとき・悪いとき、弾けるようにするべき曲が簡単か・難しいか等々、状況は様々です。ですから筆者は、質問者に対して単純に時間で考えず、次のような練習計画を立てるようアドバイスしています。

Ⓐ　いつまでにどの曲を弾けるようにするのか、確認しましょう。

Ⓑ　その日までの日数を考慮しながら、練習計画を立てましょう。その日その日に、どこまで弾けるようにするのか、できるだけ具体的に練習目標を立てるとよいでしょう。一気に全体をインテンポ（楽譜に示された速度）で通して弾けるようにするといった無謀な計画（目標）は立てないようにしましょう。

Ⓒ　自分が立案した練習計画に則って、練習しましょう。時間で区切るのではなく、その日の練習目標を達成するまで継続しましょう。

Ⓓ　常に計画通りに進むとは限らないため、絶えず練習計画の練り直しをしましょう。

Ⓔ　練習日誌を書きましょう。自分の練習状況を明文化、視覚化することで、練習の改善につながります。

② 練習時間を十分に持てない日は…

　きっと、練習時間を思うように確保できない日や、疲れて集中力が持続しない日もあるでしょう。そのようなときは、短時間でも次のようなことを実行してみてください。

Ⓐ　曲の難しい箇所だけ抜き出して練習する。全体を練習しようなどと思わなくて結構です。

Ⓑ　その際、ゆっくり弾いて練習する。「ゆっくり」というのが、結構大事なポイントです。

Ⓒ　楽器に触れない日は、模範演奏を聴く。また、メロディを歌う（歌詞と音名〔ドレミ〜〕の両方）。

③ 練習や演奏前に…

　まずは、指慣らしをしましょう。グーパーを繰り返し、指先まで血流をよくします。次に、手首や肩を回しストレッチをしましょう。手が冷えていたり、身体が硬くなっていたりする状態では、よい演奏ができません。身体の準備が整ったら、ピアノの場合は椅子の高さ、ギターの場合はストラップの長さ等が自分の身体のサイズに合っているか、必ず確認しましょう。

④ 譜読み段階でやってはいけないこと…

Ⓐ 音符に音名（ドレミ〜）を書き込むことはやめましょう。その理由は、17ページのコラムに詳しく書いてあるので参照してください。

Ⓑ 時々、動画配信サイトを視聴して曲を覚えようとする人がいます。いわゆる「耳コピ」という方法です。それでは、いつまで経っても楽譜を読めるようにはなりません。また、聴いた音楽を完璧に再現できる人など、そういるものではありません。何より、参考にした動画の演奏が正しいかどうかわかりません。もしかしたら、子ども達に間違えて教えてしまう可能性もあります。そうならないためにも、楽譜を読めるようにすることが大切なのです。

⑤ 譜読みの方法

　最初の譜読み段階から、インテンポで弾こうなどと焦ってはいけません。それで間違えていたのでは、練習時間が無駄になってしまいます。

Ⓐ メトロノームを遅いテンポに設定し、それに合わせて弾きましょう。その際、（特に初心者は）旋律を音名（ドレミ〜）で歌うとさらによい練習になります。よくメトロノームを使用せず、弾ける箇所だけは速く、弾けない、または苦手な箇所はテンポを落として弾く人がいます。必ず一定のテンポを保って弾くことを習慣付けてください。反復練習や遅いテンポでの練習は精神的に辛くなることもありますが、弾けるようになった自分を想像して楽しみながら練習するよう心がけましょう。上達の過程を楽しむ、という意識を持つとよいでしょう。

Ⓑ 間違えながら全体を通す練習は非効率です。間違えやすい箇所や難しい箇所を抜き出して、その部分をゆっくりしたテンポで弾けるようにします。遅いテンポで十分に弾けるようになったら、徐々にメトロノームの速度を上げていき、最終的には楽譜に示された速さまで上げていきましょう。そうやって、曲の弾ける範囲を少しずつ増やしていきます。そのような地道さが大切です。

Ⓒ もし間違えた際には、闇雲に反復するのではなく、何をどう間違えたのか冷静に判断し、次にどのように弾けばよいのか、何に注意して弾けば良いのか判断した上でもう一度弾くようにしましょう。練習中に間違えてばかりいると、それは間違えるための練習になってしまいます。

Ⓓ 音符・休符を正しく演奏できるようになれば、それでおしまいというわけではありません。強弱や歌詞の内容に合った表情を付けましょう。楽譜通りに音符・休符を演奏するだけであれば、現代ではコンピュータの方が人間よりもはるかに優秀です。間違えることもテンポが狂うことも絶対にないのですから。しかし、歌詞の内容を理解したり、作詞家・作曲家の思いを受け止め表情豊かに演奏したりすることは人間にしかできません。子ども達に曲のよさを伝えるためには、心のこもった演奏を心がけたいものです。

⑥ 難しいリズムがある場合は…

　楽器から一度離れて、そのリズムを手拍子で（ゆっくりとしたテンポで）打って確認しましょう。遅いテンポで正確に打てるようになったら、徐々にテンポを上げていきます。十分に確認できたら、再び楽器で演奏してみましょう。

⑦ 手元ばかりを見ながら練習しない

　保育・教育現場においてピアノやギターで伴奏する際、子ども達の様子に気を配る必要があります。ですから、手元ばかりに集中することはできません。視覚ばかりに頼るのではなく、ある程度、指や手、腕の感覚で弾けるようにしていきましょう。

⑧ 弾き歌いの練習は初期段階から歌を…

　弾き歌いのレッスンをしていると、伴奏だけならとてもよく弾けるのに、それに歌を加えるよう指示すると途端に弾けなくなる人がいます。それは、歌う方に集中力が傾き、伴奏への意識が削がれるためと考えられます。伴奏が弾けるようになってから歌を付けるのではなく、練習の初期段階から歌付きで練習すると、このような事態を防ぐことができます。例えばピアノ伴奏の場合、右手の旋律を練習しているときも、左手の伴奏を練習しているときも歌を口ずさみながら練習すると効率的です。両手で弾く頃には、歌詞を覚えてしまっていることでしょう。

⑨ 曲を仕上げる際の留意点は…

Ⓐ 最終的には、メトロノームに頼らず、自分で拍をしっかりとカウントしながら弾けるようにしましょう。

Ⓑ 拍には強拍と弱拍があります。その強弱を意識しましょう。

Ⓒ 音符だけでなく、強弱記号やスラーといった記号にも気を配って弾きましょう。

Ⓓ （ピアノの場合）旋律と伴奏の音量バランスを考えて弾きましょう。通常、旋律よりも伴奏の方が大きいということはありません。初心者にとって、左右の手の力を別々にコントロールするのはなかなか難しいですが、音量バランスを常に意識して徐々にできるようにしていきましょう。

Ⓔ （ピアノの場合）それぞれの指の強さによって、音の強弱にバラつきがないか確認しましょう。

⑩ 暗譜する必要はあるか？

　保育・教育現場で弾き歌いをする際、必ず暗譜しなければならないということはありません。場面によって、暗譜で弾く方が適切なときもあれば、楽譜を見ても問題ないこともあるでしょう。しかし、子ども達の様子に気を配りながら弾き歌いをするのですから、楽譜にかじりついているようでは困ります。練習の過程で可能な限り暗譜し、目の前の楽譜は「緊張で度忘れしそうなときの保険」程度に考えておくのがよいかもしれません。

⑪ 緊張をコントロールするには…

●その１：日常的に、本番を想定した練習をしましょう。

　メトロノームに合わせて演奏し、たとえ間違えたとしても絶対に止まらず最後まで弾ききる練習を重ねましょう。本番をイメージすることも重要です。ピアノの先生に練習の成果を聴いていただく際も、子ども達の前で弾いている場面を想像しながら弾きましょう。その他に、家族や友人等にも時々聴いてもらったり、同じ保育者を目指す者同士でお互いの演奏を発表し合ったりするのも効果的です。その際、聴いている家族や友人、クラスメイトには子ども役として一緒に歌ってもらえば、さらに本番をイメージしやすくなるでしょう。その他、演奏を録画する、横に人形やぬいぐるみを置いて常に視線を意識しながら弾く、といった取り組みをする人もいます。

●その２：演奏に対する意識を変えましょう。

　ある舞台俳優は、「（舞台上で）もし台詞を間違えたらどうしようと弱気になる役者は、必ず間違える」と言っています。音楽も同じです。「私は絶対に大丈夫」と自信を持てるようになるためには、やはり圧倒的な量の練習しかないでしょう。

　著者が学生だった頃、先生から次のように言われました。

　「明るい曲でも悲しい曲でも、全ての曲を楽しんで演奏しなさい。毎日の基礎練習や練習曲ですら楽しんで弾きなさい。演奏会では、緊張感も楽しみなさい」

　「音を楽しむから《音楽》というのだ」というのは、実は言葉の由来としては大間違いなのですが、それはともかく、音楽を楽しもうとする心情をいかなるときも忘れてはいけないのでしょう。「間

違えたらどうしよう」などと考えず、自分（演奏者）自身がまず音楽を心から楽しむこと、次に聴衆（子ども達）に音楽を楽しんでもらいたい、演奏する曲の魅力を伝えたい、といったことに意識を集中するようにしましょう。

　保育者自身が演奏を楽しんでいなければ、音楽の魅力を子ども達に伝えることはできません。曲を演奏する上で「もっとも大切なこと」に意識を集中させる、それが緊張を乗り越え、練習の成果を存分に発揮するために欠かせないと思います。

⑫ もし本番で緊張してしまったら…

　もし、本番で極度に緊張していると感じたら、次のことをやってみてください。

　Ⓐ口角を上げて、笑顔を作ってみる。笑顔になると、ちょっとだけ心に余裕が生まれます。Ⓑもし、身体に余計な力が入っているようなら軽くストレッチをしてほぐす。Ⓒ呼吸を整える（緊張すると呼吸が浅くなる）。Ⓓ音楽に没頭する。

⑬ その他

●ピアノの場合

　自宅では、アコースティック・ピアノではなく、キーボードや電子ピアノで練習している人も多いでしょう。これらの電子楽器は、ヘッドフォンを装着すれば夜間でも近所や家族に気兼ねなく練習できるメリットがあります。しかし、同じ鍵盤楽器ではあっても、これらは似て非なるものです。鍵盤の構造も音を出す仕組みも異なるため、打鍵の感覚や音の聴こえ方が異なります。レッスンや本番でアコースティック・ピアノを弾くと、普段と感覚が違って思うように弾けないということがよくあります。学校や職場等で、できるだけアコースティック・ピアノを弾かせてもらうようにしましょう。

　ピアノ最大のデメリットは、「もっとも慣れ親しんでいる楽器は自宅にある」、つまり「レッスンや本番では自分の楽器で弾くことができない」ということです。ピアノにはそれぞれ個性があるので、慣れない楽器では違和感を感じることもあります。可能な範囲で、本番で使用するピアノを定期的に、または事前に弾くよう努めましょう。

●アコースティック・ギターの場合

　ピアノほどではないにしても、アコースティック・ギターもそれなりに大きな音が出ます。自宅に防音室が設置されているのが理想ですが、そのような恵まれた環境にある人はまれでしょう。エレキ・ギターは、アンプを使用しない限りほとんど音が出ません。しかし、エレキ・ギターとアコースティック・ギターは似て非なるものなので、これはあまりお勧めできません。それにピアノと異なり、レッスンや本番で自分の楽器を使用できるのがギターのメリットです。そこで、騒音対策として次のことを試してみるとよいでしょう。Ⓐブリッジのところにタオルを挟む。Ⓑ弱音器を装着する。Ⓒ紙または柔らかい素材のものをピックとして使う。

⑭ 最後に…

　筆者が学生だった頃、先生が冗談混じりに次のようなことをよく言っていました。

　「楽器を弾けるようにするには3つの方法がある。1. 練習、2. 練習、3. 練習」

　つまり、地道に練習を続ける以外に方法はない、演奏技術の習得に近道はない、ということです。

　「好きこそ物の上手なれ」といいます。歌を歌うこと、楽器を演奏することが大好きな人は、必ず上達するでしょう。しかし、「保育者になるには必要だから」と義務感で練習していても辛いだけですし、思うように上達もしません。それに、子ども達に音楽の楽しさを伝えられる人材にはなれません。音楽を楽しもうとする心を持つこと、それがもっとも大切な「才能」だと思います。

♪ 1-2. ピアノの基礎

　ここでは、ピアノ未経験者及び初心者を対象に、奏法の基礎を説明します。悪い癖を身に付けてしまうと上達の妨げになりますし、後でその癖を矯正するのは容易ではありません。これから説明する内容は個人練習の際も常に気を付けて、初期段階から正しい奏法を身に付けましょう。

① 爪は短く切りましょう

　爪を伸ばしていては、ピアノを弾くことはできません。爪が長いと打鍵の際に鍵盤に当たって、後述する正しい手の形（ナチュラルポジション）を作ることができなくなります。

② 正しい姿勢で座りましょう

　椅子には浅く腰かけ、背筋を伸ばしておきましょう。右足はいつでもペダルを踏めるよう前に、左足は前でも後ろでもなく、普通に椅子に座ったときの位置で構いません。いかなる動きにも対応できるように、上半身は脱力した状態になるよう心がけましょう。

③ ピアノとの距離と椅子の高さ

　ピアノと身体との距離が近過ぎると、胴体が肘の動きを妨げます。また、鍵盤を視認し辛くなることがあります。逆に遠過ぎると腕が伸びてしまい、必要な力を鍵盤に伝えることが難しくなります。肘を90°の状態から少し前に出し、自由に動かせるくらいが目安です。

　椅子は、何でもよいというわけではありません。高さ調節が可能なピアノ専用の椅子を用いましょう。手を鍵盤上に置いた際に、手首から肘にかけて水平になる高さが適切とされています。

④ 基本的な手の形と打鍵

　完全に脱力した自然な形から、軽く物をつかむような形にしてください。その際、手の甲から手首まで鍵盤に対して水平になるようにしましょう（手の構造上、未経験者や初心者は両手が外側に傾く傾向があるので注意が必要です）。また、隣り合う白鍵の上に指を一本ずつ置くのが基本な形で、これを「**ナチュラルポジション**」といいます。

　打鍵は、指先（指紋のある箇所）が適切です（親指を除く）。その指先に、必要なときに必要な力を集中させて打鍵するのがポイントです。指を動かすのは、指の付け根の第3関節です。写真1のように脱力し、丸く自然な形でなければ、指を自由に動かすことはできません。

　写真2〜6は、未経験者や初心者が比較的陥りやすい悪い形です。個人練習の際、このような状態になっていないか、常に留意してください。

●**写真2**は力が入り過ぎて、第3関節よりも第2関節が高い位置にあります。この状態では、満足に打鍵することができません。

●**写真3**も力の入れ過ぎで、親指の付け根から内側に反ってしまっています。

写真1：ナチュラルポジション

写真2：NG

写真3：NG

●**写真4**は打鍵した際、第1関節が反り返ってしまっています。これでは、第1関節がクッションの役目を果たしてしまい、必要な力を鍵盤に伝えることができません。

●**写真5**は手首が反り返り、鍵盤よりも下の位置にあります。これでは、指の上下運動がほとんどできず、打鍵が困難になります。

●**写真6**は左右の手が外側に傾き、手の甲の水平が保たれていません。これは、小指と薬指の力が他の指と比較して弱く、それを補おうと重心を小指側に移動させることによってよく起こります。この行為は、小指や薬指の可動域を狭くし、打鍵を難しくするため逆効果です。日本人は小指の短い人が多く、このような形に陥る可能性が高いといわれています。

写真4：NG

写真5：NG

⑤ 指番号

写真7のように、左右の指には番号が付いています（同じ指は、同じ番号です）。

楽譜に指番号が付されている場合、原則その番号に従って弾くよう心がけましょう。楽譜に指番号が付されていない場合は、奏者自身が決める必要があります。その際、無理に指を広げて弾くような指使いは避け、できるだけナチュラルポジションで弾けるよう工夫しましょう。

譜読みの際には、必ず最初に指使いを決めて、それ以降、原則同じ指使いで弾きましょう。

写真6：NG

写真7：指番号

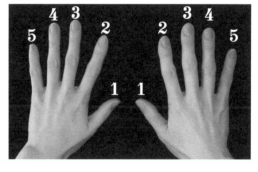

⑥ 脱力

ピアノ未経験者や初心者は、どうしても指を動かすことばかりに意識がいってしまいますが、実は全身を意識しなければなりません。なぜなら、指は手首、前腕、肘、上腕、肩へとつながっており、その手首や腕、肩に力が入り、硬直した状態では指を自由にコントロールすることができないからです。未経験者や初心者は特に、練習していると身体のどこかに痛みを感じることがしばしばあります。そこに、無駄な力を入れ続けていることが原因と考えられます。

打鍵をするためにはどれだけの力が必要なのか。それは、奏でるべき音の強さによって決まります。力は「打鍵をする」その一瞬だけ必要です。打鍵する前から力を入れていては思うように指が動きませんし、打鍵後も鍵盤を力一杯押さえ続けるのは無駄な行為です。打鍵する際のスピードも音色に影響するので、自身が奏でる音をよく聴き、効率的な力の入れ方を覚えていく必要があります。

未経験者や初心者は、無理に大きな音を出そうとすると、余計な力を使う癖が付いてしまいます。最初は小さくても構いません。身体の各部をどう使い、打鍵にどの程度の力が必要なのか徐々にわかってきたら、少しずつ大きな音を出せるようにしていきましょう。

1-3. ペダル

　ピアノ未経験者や初心者にとって、10本の指を使うだけでも難しいのに（弾き歌いなら、さらに歌も加わる）足も使うのか、と思うと憂うつになったり、ペダル使用に挑戦しようとしないかもしれません。すぐにペダルを使えるようになる必要はありません。ある程度上達したら、次のステップとして使用できるよう挑戦すればよいのです。ペダルを用いることによって、伴奏をより豊かにすることができるので、将来の目標の一つに入れておきましょう。

① ダンパーペダル

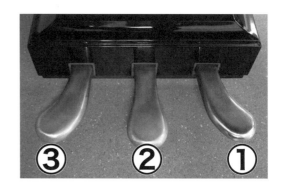

　圧倒的に使用頻度が高いため、**「ペダル」といえば通常はこのダンパーペダルのこと**を意味します。

　このペダルを踏むと、弦の振動を抑えるダンパーという部分が弦から離れた状態になるため、一度打鍵した音は指を鍵盤から離してもそのまま伸び続けます。このペダルの使用を指示する場合、楽譜にはペダルを踏む箇所に「$\mathbf{Ped.}$」、離す箇所に「✳」の記号が用いられます。しかし、楽譜上にこの記号が記されることはほとんどありません。多くの場合、このペダル使用の有無は奏者の判断に委ねられています。和音の構成音全てを持続させたい、音楽の横の流れを滑らかにしたい、旋律の音色を豊かにしたい、力強いフォルティッシモを奏でたい等々、このペダルを用いる理由は様々です。

　このペダルは、一度打鍵した音がしばらく持続するため、いつまでも踏んだまま演奏を継続することはできません。例えば、このペダルを踏み続けながら「C＝ドミソ」を弾き、次に「Dm＝レファラ」を弾いたとします。そうすると2つの和音の構成音が同時に鳴り響く状態になるため、非常に濁った不快な響きになってしまいます。ですから、和音が変わる際には、原則ペダルを踏み替えます。また、同じ和音が続いていたとしても、非和声音が用いられた際には踏み替えが必要です。奏者は、奏でた音の響きをよく聴き、踏み替えのタイミングを判断しなければなりません。

　下の楽譜で踏み替えの練習をしてみましょう。打鍵する瞬間ペダルを離し、再度踏み直します。それぞれの和音が途切れることなく弾けるようにしましょう。楽譜下の線を参考にしてください。

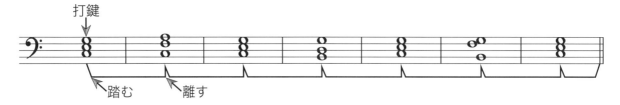

打鍵

踏む　　離す

② ソステヌートペダル

　特定の音のみを伸ばしたいときに使用します。ある音を打鍵した後にこのペダルを踏むと、鍵盤から指を離してもその音だけ伸ばすことができます。このペダルを踏んだ後に弾いた音には、音を伸ばす効果がありません。多くの場合、奏者自身が使用の判断をします。

③ ソフトペダル（弱音ペダル）

　グランドピアノの場合、このペダルを踏むと弦を鳴らすハンマーの位置がずれて、打つ弦の本数が3本→2本、または2本→1本に減って音を弱めます。それだけでなく、音色も変化します。アップライトピアノの場合は、ハンマーの位置が弦に近付くことによって音を弱めます。音色は変化しません。このペダルを踏む箇所は「una corda（略してu.c.）」、ペダルを離す箇所は「tre corda（略してt.c.）」の記号が用いられます。多くの場合、奏者自身が使用の判断をします。

1-4. ギターの基礎

　ここからは、ギター未経験者や初心者を対象に、奏法の基礎を学んでいきましょう。
　一言で「ギター」といっても、いくつか種類があります。Ⓐクラシック・ギター（ガット・ギター）、Ⓑアコースティック・ギター、Ⓒエレクトリック・アコースティック・ギター（略してエレアコ）、Ⓓエレクトリック・ギターです。本書で書かれている「ギター」とは、**アコースティック・ギター**と考えてください。また、ギターには右利き用と左利き用がありますが、本書では、**右利き**の奏者を想定して記述しています。

① ギター各部の名称

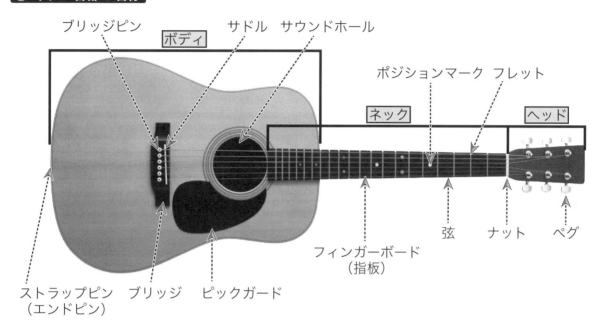

② 調弦（チューニング）

　ピアノは調律師という専門家が音の高さを合わせますが、ギターは奏者自身が調弦（チューニング）します。一度合わせれば大丈夫ということはなく、演奏中も徐々に狂ってくるので、こまめに確認する必要があります。

　6本の弦を図1の楽譜の高さになるよう合わせます。通常は、音の低い弦から徐々に高い弦へと合わせていきます。昔は音叉（おんさ）を使って5弦＝Aを合わせ、その弦の音を頼りに他の弦を合わせていました。しかし、この方法はある程度技術が必要なので、未経験者や初心者はチューナーを使った方がよいでしょう（図2）。安価なものや、スマートフォン用のアプリケーションもあるので、楽器と一緒に用意しておきましょう。

音を上げる場合：1弦〜3弦はペグを時計回り
　　　　　　　　　4弦〜6弦はペグを反時計回り
音を下げる場合：1弦〜3弦はペグを反時計回り
　　　　　　　　　4弦〜6弦はペグを時計回り

図1：ギター各弦の高さ

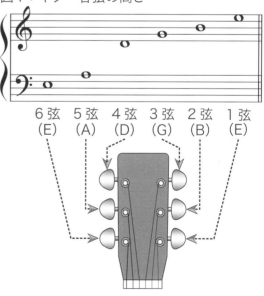

6弦（E）　5弦（A）　4弦（D）　3弦（G）　2弦（B）　1弦（E）

図2：チューナー画面例

まず、中央の英音名が合わせる弦の高さになるように調整します。次に、針が中心にくるよう調整します。

③ 楽器の構え方

アコースティック・ギターには、Ⓐ**椅子に座って弾く構え**（写真1）、Ⓑ**立って弾く構え**（写真2）、Ⓒ**あぐらをかいて弾く構え**の3種類があります。ストリート・ミュージシャンであればⒸの弾き方もよいかもしれませんが、保育・教育現場では後ろにいる子どもにもよく音が届くようにするため、楽器はやや高い位置にあることが望ましいと考えられます。

右手はサウンドホールの上あたりで弦を弾きます。左手は、指を自由に動かせるよう肩、上腕、肘、前腕を楽にしておきましょう。

写真1：右足の付け根にボディのくぼみを合わせ、楽器が安定するようにします。安定させないと身体に余計な力が入る原因になります。

写真2：ストラップを使用して構えます。楽器の高さと角度が椅子に座ったときの構え方と同じになるようにしましょう。

④ 左右の爪

左の爪は、指先や指の腹で弦を押さえるため、必ず短くしておく必要があります。爪が長いと指板に爪が当たってしまい、弦を押さえることができません。

右の爪は、奏法によって異なります。奏法には、Ⓐ**爪を弦に当てる奏法**、Ⓑ**指先を弦に当てる奏法**、Ⓒ**両方を弦に当てる奏法**の3種類があります。それぞれの奏法によって音色が異なります。どの奏法で弾くかは、奏者が判断します。しかし、保育・教育現場で働くのであれば、爪を伸ばすという選択肢はないでしょう。

⑤ ピック

コード（和音）を一気に弾く**ストローク奏法**では、通常**ピック**というアイテムを用います。ピックには様々な形や素材、厚みのものがあり、どれを用いるかは奏者が判断します。形は概ね**トライアングル型**と**ティアドロップ型**の2種類があります（図3）。アコースティック・ギターの場合、トライアングル型が選ばれることが多いようです。

ピックは、親指と人差し指で軽く摘むようにして持ちます。そのとき、ピックの表裏とも三角形の先端が数ミリから1センチ程度出ているようにしましょう（写真3）。固く握ったり、指の根元で持つことがないように気を付けましょう。また、写真4のように人差し指が伸びていると弦に当たってしまうため、摘む位置に気を付けましょう。

図3：ピックの形状

トライアングル型　　ティアドロップ型

写真3　　　　　　写真4

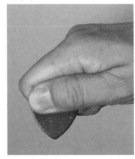

⑥ ギターの楽譜（1）：TAB（タブ）譜

　ギターの楽譜では、**タブラチュア譜**（英語：tablature、略してTAB譜）がよく用いられます。この楽譜は6本線で、それぞれが弦を表しています（一番上が1弦、一番下が6弦）。線上の数字は押さえるフレットの番号を意味します（「0」の場合は開放弦）。欧米式のTAB譜は数字のみですが、日本式は棒（符尾）や連桁、休符など五線譜と同様に記載されています。

　右の五線譜（譜例1）は、「お正月」の冒頭部分です。その下に、譜例1をTAB譜にしたものと指板上の指の位置を示しました。何弦の何フレットを弾くのか、一目瞭然です。

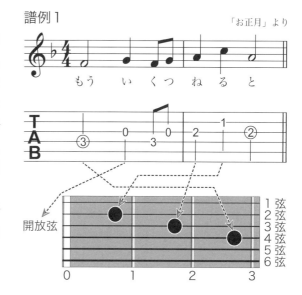
譜例1　「お正月」より

⑦ ギターの楽譜（2）：スラッシュによるリズム譜

　コード（和音）を一度にかき鳴らす奏法のことを、**ストローク奏法**といいます。この場合、譜例2のように五線譜に音符を書くと非常に読み辛いため、その下のようにコードネームとリズムだけを表記する楽譜を用います。

　上（6弦側）から下（1弦側）に向かって一気に弦を鳴らす奏法を「**ダウンストローク**」、その逆を「**アップストローク**」といいます。ダウンストロークの場合には「∏」、アップストロークの場合には「Ｖ」の記号がスラッシュの上に記載されます。楽譜にこれらの記号が記載されていない場合は、奏者自身が判断して演奏します。

　また、譜例3のようにコードの押さえ方が図で示されている楽譜もあります。この図のことを**コードダイアグラム**といいます（巻末に「コード早見表」があります）。

譜例2

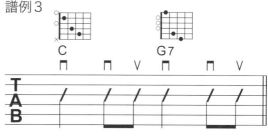
譜例3

⑧ ストローク奏法

　まず、ダウンストロークで弾いてみましょう。6弦から1弦までほぼ同時に弾くようにします。ストローク奏法は**手首の振りがメイン**で、腕の振りはその補助的役割を担います（写真5）。手首が固まった状態で弾くと、硬い音しか出せなくなるので注意が必要です。手首を柔らかくし、**全ての弦をバランスよく鳴らすこと**を意識しないと、最初にピックが当たる低音ばかりが強く、逆に高音が響きません。アップストロークの場合は、その逆です。ダウンストロークができたら、アップストロークにも挑戦しましょう。

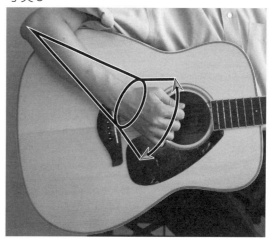
写真5

⑨ 弦の押さえ方

　左手で弦を押さえることによって、奏でる音の高さを決めることができます。左手の構え方について は手の大きさに個人差があるため、実のところ教則本の教え方も様々です。大別して写真 6のように親指と人差し指の間の部分をネックにつけて握るように構える方法、写真7のように 親指をネックの裏側に(ネックに対して垂直になる角度で)付けて構える方法があります。親指 以外の指で弦を押さえますが、その際、指が寝てしまうと他の弦に触れて振動を邪魔することに なるので、原則指先で弦を捉えます(写真8)。親指の位置については、指先で弦を押さえられる 状態かどうかで決めましょう。

　手の平はネックにつけず、特に小指側にスペースができるようにします。人差し指はフレット に対してほぼ平行に、その他の指は斜めになります。

写真6

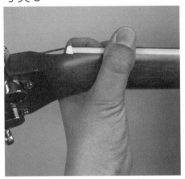

写真7

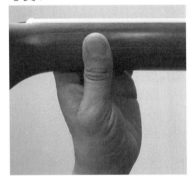

写真8

⑩ 弦を押さえる位置

　図4を見てください。弦を押さえる最適な位置 は、❶フレットよりも少しナット側です。❷フレッ トの真上や❸ナット側過ぎる位置はNGです。

図4

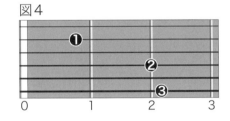

⑪ 左手の指番号

　弦を押さえる指には、番号が付されています。音符上やコードダイアグラムに、用いる指が番 号で示されていることがあります。その場合は、原則その指番号通りに弾くことを心がけましょ う。指番号が記載されていない場合は、奏者自身の判断となります。

人差し指「1」、中指「2」、薬指「3」、小指「4」です。

⑫ セーハ

　1本の指で複数の弦を押さえる奏法を「**セーハ**」 といいます。複数の弦を押さえる指は、第1関節 を反らせる(写真9)ようにし、ネックの反対側の 親指と摘むようにします(写真10)。あまり力を入 れ過ぎるとコードチェンジが難しくなるので気を 付けましょう。

　実際に、セーハを用いるコードを弾いてみま しょう。図5に「A」(=ラド♯ミ)の押さえ方を示し ます。ナットの左側にある「○」は開放弦、「×」は 弾きません。このとき、指があまり反らず、1弦 に軽く触れてしまっても構いません。

写真9

写真10

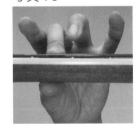

図5

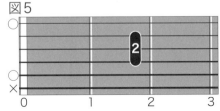

⑬ 全弦セーハとバレーコード

　人差し指1本で6本の弦全てを押さえることを**全弦セーハ**といい、これを用いたコードが複数あります。それらを「**バレーコード**」といいます。このバレーコードを押さえるのは難度が高く、初心者が途中で挫折する最大要因といわれています。その代表格が「F」（＝ファラド：図6）です。「F」は様々な曲でよく使われるコードなので、避けて通ることができません。すぐにはできないかもしれませんが、徐々に慣れていくよう努めましょう。

図6：F

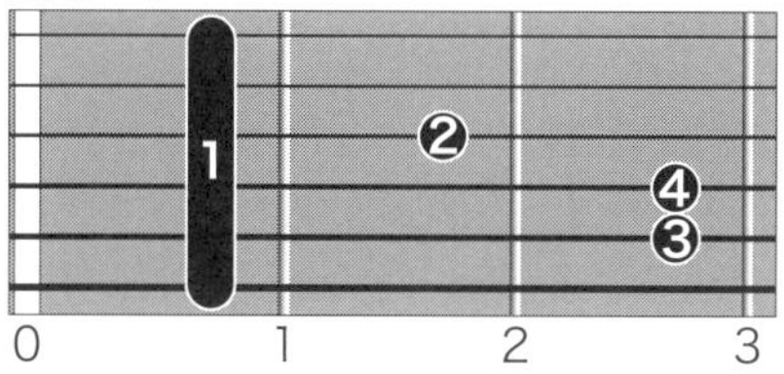

　では、「F」に挑戦してみましょう。人差し指は、指の腹ではなく外側で弦を押さえます（写真11）。指を寝かせナット側に傾け、親指としっかりネックを摘むようにします（写真12）。他の指は他の弦に触れないようしっかりと立てて指先で押さえます（写真13）。

写真11

写真12

写真13

　「F」の場合、人差し指で6本の弦全てをギュッと押さえる必要はありません。3～5弦は他の指が押さえているので、実質的に人差し指がしっかり押さえなければならないのは、1・2・6弦ということになります。

⑭ 省略コード

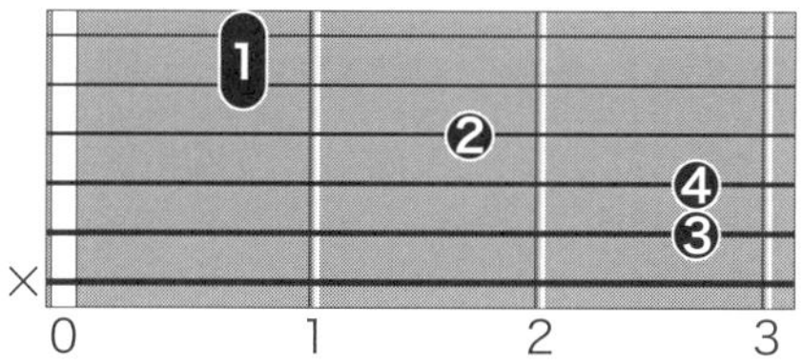

　バレーコードができない場合は、弾く弦を省略する方法があります。例えば「F」の場合、6弦を省略すると全弦セーハを回避できます（図7）。この場合、根音が省略されるので和音の安定感はやや失われますが、「弾けない」と投げ出してしまうよりずっとよい選択でしょう。

図7：Fの省略コード

⑮ アルペジオ奏法とフィンガーピッキング

　ストローク奏法のように弦を一気にかき鳴らすのではなく、分散和音（理論編第7章「7-9.分散和音」を参照）で弾くことを**アルペジオ奏法**といいます。ピックを使う奏法と指で直接弦を弾く奏法とがありますが、ここでは後者（**フィンガーピッキング**）について説明します。

写真14

　右手は、ピックを用いて弾くのとほぼ同じ構えで（写真14）、小指を除く4本の指を使いますが、親指は付け根の関節を使い上から下に、その他の指は下から上に弦を弾くのが基本です。また、親指は4～6弦、人差し指は3弦、中指は2弦、薬指は1弦を担当するのが基本ですが、必要に応じて他の弦を弾くこともあります。

　フィンガーピッキングには、「**アポヤンド**（スペイン語：apoyando）」と「**アルアイレ**（スペイン語：al-aire）」という2種類の奏法があります（図8）。アポヤンドはある弦を弾いた後、隣の弦に指を

当てて止める奏法、アルアイレは他弦に触れない奏法です。
アポヤンドは太く力強い音に、アルアイレは細く軽い音に
なります。どちらの奏法を用いるか、それは音量や音色に
よって奏者が判断します。

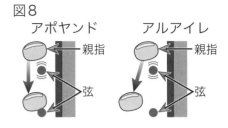

図8
アポヤンド　　　　アルアイレ
親指　　　　　　　親指
弦　　　　　　　　弦

　それでは、アルアイレで譜例4を弾いてみましょう。右手
の指にはそれぞれ指記号があり、親指は「p」、人差し指は「i」、
中指は「m」、薬指は「a」です。楽譜に指記号が付されていない場合は、奏者の判断に委ねられます。

譜例4

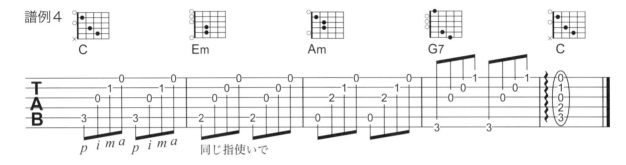

C　　　Em　　　Am　　　G7　　　C

p i m a　p i m a　同じ指使いで

⑯ カポタスト（略してカポ）

　カポタスト（イタリア語：capo tasto）は、全弦を押さえて実質的にナットの位置を移動させる
ことのできる器具です。このカポタストは、次のようなときに使用します。

● **難しいコードを比較的簡単なコードに変更したい。**

　例えば、変ロ長調の曲を演奏するとします。この調の主要三和音は、「B♭」「E♭」「F」です。これ
らは全てバレーコードなので、簡単には弾けません。そこで、カポタストを1フレットの位置に
装着します。それにより、全弦のチューニングを半音上げたことになるため、演奏するコードは
逆に全て半音下げます。そうすると、比較的簡単な「A」「D」「E」で変ロ長調の主要三和音を弾け
ることになります。下にある根音（英音名）とカポタストの位置関係を示した早見表（表1）を参
照してください。

● **移調したい。**（移調については、理論編第5章「5-8. 移調」を参照）

　例えば、あるハ長調の曲（主要三和音「C」「F」「G」）をギター伴奏で歌おうとしたとき、その調
では低過ぎて歌い辛いとします。そこで、2フレットの位置にカポタストを装着します。それに
より、全弦のチューニングを全音上げたことになるので、「C」「F」「G」の指使いでそのまま演奏し
ても、実音（実際の音）は「D」「G」「A」が出ます。つまり、ニ長調に移調したことになります。

表1：根音（英音名）とカポタストの位置関係を示した早見表

	1	2	3	4	5	6	7	8	9	10	11
A	G#/A♭	G	F#/G♭	F	E	D#/E♭	D	C#/D♭	C	B	A#/B♭
A#/B♭	A	G#/A♭	G	F#/G♭	F	E	D#/E♭	D	C#/D♭	C	B
B	A#/B♭	A	G#/A♭	G	F#/G♭	F	E	D#/E♭	D	C#/D♭	C
C	B	A#/B♭	A	G#/A♭	G	F#/G♭	F	E	D#/E♭	D	C#/D♭
C#/D♭	C	B	A#/B♭	A	G#/A♭	G	F#/G♭	F	E	D#/E♭	D
D	C#/D♭	C	B	A#/B♭	A	G#/A♭	G	F#/G♭	F	E	D#/E♭
D#/E♭	D	C#/D♭	C	B	A#/B♭	A	G#/A♭	G	F#/G♭	F	E
E	D#/E♭	D	C#/D♭	C	B	A#/B♭	A	G#/A♭	G	F#/G♭	F
F	E	D#/E♭	D	C#/D♭	C	B	A#/B♭	A	G#/A♭	G	F#/G♭
F#/G♭	F	E	D#/E♭	D	C#/D♭	C	B	A#/B♭	A	G#/A♭	G
G	F#/G♭	F	E	D#/E♭	D	C#/D♭	C	B	A#/B♭	A	G#/A♭
G#/A♭	G	F#/G♭	F	E	D#/E♭	D	C#/D♭	C	B	A#/B♭	A

実践編
第2章
子どもの歌の
弾き歌い

　子ども達にとって、保育者や友達と声を合わせて楽しく歌うという行為は、心や身体の成長・発達に大きく寄与すると考えられています。また、リズム感や音感といった感覚を養うこと、それから美的情操を育むことは、その人の一生に多大なる影響を及ぼします。幼少期・児童期に歌う楽しさを十分に味わう機会を持つことで、生涯にわたって音楽を愛好する心情が生まれれば、それはその人の一生の宝物になるでしょう。そのような内面の成長は外部から見ることができませんが、保育者は何よりもそのことを重視しなければいけません。ですから、日々、子ども達と豊かな音楽経験を共有できるようにしたいものです。

🎼 2-1. 弾き歌いの留意点

　保育・教育現場では、日常的に子どもの歌を歌唱しています。保育者は、楽しく音楽に関われるようピアノ、ギター、アコーディオン等の楽器で伴奏しながら、自身も率先して歌唱することが求められます。これを「弾き歌い」といいます。保育者が弾き歌いをするにあたっては、次のようなことに留意する必要があります。

① （ピアノの場合）必ず両手で弾きましょう

　右手のメロディだけでは、伴奏しているとはいえません。旋律と伴奏を豊かに奏でることができるのが、ピアノを伴奏楽器として用いるメリットです。そのメリットを最大限に生かせるようにしましょう。

② 正しい姿勢で弾きましょう

　手元の鍵盤（ピアノ）や指板（ギター）ばかりを見て弾いていると、姿勢が崩れ、歌を歌うために必要な腹式呼吸ができなくなります。また、うつむいて下顎が下がり過ぎると喉を絞めてしまい、息の流れが滞ってしまいます。子ども達に自分の歌声を届けようとするのであれば、お互いの表情が見えるように、できるだけ顔を上げて弾けるようにしましょう。

③ 絶対に止まってはいけません

　たとえ間違えたとしても、演奏を止めて弾き直すようなことをしてはいけません。演奏を始めたら、何があろうとも最後まで弾ききることが求められます。子ども達は楽しく歌っているのですから、その時間を中断してしまっては楽しさが半減してしまいます。

　とりあえず、止まらなければよい、というものでもありません。テンポが狂ってしまうようでは、子ども達は歌い辛く、歌唱を楽しめません。そのような伴奏にならないために、普段の練習から本番を想定した練習を取り入れましょう。必ずメトロノームに合わせて弾いたり、知人・友人に時々隣で歌ってもらったりして、本番と同じ状況を作り出す工夫をするとよいでしょう。

④ 前奏をしっかりと弾きましょう

　前奏は、その曲がどのような曲であるかを表します（曲の雰囲気や、音の高さ、速度など、そこには歌う上で大切な情報が含まれています）。また、子ども達の「歌いたい」という気持ちが高まります。姿勢と呼吸を整えるためにも、必要な時間と考えられます。

　前奏が書かれていない楽譜をよく見ますが、そのような場合、通常は曲の最後のフレーズを前奏として用います。

　伴奏者は、前奏が終わるところで、歌い始めの合図をしましょう。

⑤ アレンジ（編曲）してもOK

　子どもの歌の伴奏は、伴奏者の裁量で、ある程度変更＝アレンジ（編曲）しても構いません。ただし、曲調を大幅に変えるようなものであったり、明らかにメロディに合わない和音に変更してしまったり、子ども達の声域を無視した移調をしたりすることは許されません。だからこそ、しっかりと理論を学んでおくことが大切なのです。

　ピアノの場合、保育者向けに、極限まで音を削った楽譜がたくさん市販されています。しかし、そうした楽譜ばかりに頼るのはその場をしのぐことはできますが、子ども達に曲の魅力を伝えることにはつながりません。ピアノは豊かな伴奏ができる楽器ですから、そのメリットを大いに生かせるように、子ども達のために決して焦らず諦めずの精神で、日々技術を高めてください。

⑥ 曲調に合った歌い方で…

　明るい曲、元気な曲、軽快な曲、寂しげな曲等々、子どもの曲には様々ありますが、それぞれの曲調に合った歌い方を目指しましょう。子ども達に曲の雰囲気を伝えるためには、少し大袈裟と思えるくらい表情豊かに歌った方が効果的です。そのために、指導者は、歌詞の内容をよく理解し、歌詞の情景や登場人物の心情に思いを馳せたりして歌うことが重要です。

⑦ 子どもの歌声を引き出そう

　保育者は、率先して声を出し、子ども達が「一緒に歌いたい」という気持ちになるよう導くことが求められます。「人前で歌うのが恥ずかしい」などと思っているようでは、子ども達と楽しく音楽を共有することなどできません。保育者自らが歌うことが好きで、音楽を楽しもうとする姿勢が何よりも大切です。

⑧ 歌詞を明瞭に発音しましょう

　歌唱の場合、言葉＝歌詞が日常会話よりも聴き取りにくく、また伴奏者（保育者）と歌唱者（子ども達）との距離が日常会話のときよりも離れていることもあります。歌詞を正確に相手に伝えるために、日常会話のときよりも唇や口周辺の筋肉をよく動かして明瞭に発音することを心がけましょう。遠くにいる人の耳にもはっきりと聴き取れるように意識することが大切です。

⑨ 曲調に合った表情で…

　例えば、明るく元気な曲なのに、緊張や不安で眉間にシワがよっているようでは台無しです。それでは、子どもに一緒に歌いたいと思ってもらえません。弾き始めも、演奏中も、自分の「表情」がどうなっているか気を配りましょう。全てが音楽の一部であると心得ましょう。

2-2. 弾き歌いの実践

　次のページから、子どもの歌を100曲厳選して掲載してあります（その他、無伴奏のわらべうた14曲も掲載しています）。いずれも広く愛唱されている曲ばかりですから、ぜひ次世代の子ども達にも伝えていきたいものです。

　この100曲を「生活の歌」「手遊びの歌」「行事の歌」「季節の歌」「愛唱歌」の5つに分類しています。本書に掲載してある楽譜は、「極端に簡単過ぎず（音を削り過ぎず）、また難し過ぎず」を念頭にアレンジしています。可能な限り曲の魅力を損なわないようにすることも大切なため、楽曲によってやや難しいものもあります。伴奏（ピアノ）の難易度を「Level 1〜5」で表しているので、参考にしてください。ほぼ全ての楽譜にコードネームを記載してあるので、必要に応じてアレンジしてもよいでしょう。ギターの方は、このコードネームを頼りにストローク奏法で伴奏してください。ストロークのリズムは記載していないので、伴奏者に委ねます。

　この100曲以外に、左手の伴奏譜が空白になっている曲を9曲掲載しています。この楽譜は、理論編第7章で和声について学習した後、コードネームを頼りに自分で伴奏譜を書く課題として用意したものです。自分で考えたオリジナル楽譜になるので、練習問題のように「解答」があるわけではありません。書き上がったら、ピアノの先生や学校の先生に誤りがないか、必ずチェックしてもらいましょう。間違えることは恥ずかしいことではありません。間違いを正していく過程にこそ学びがあるのです。

01. おはよう

作詞：増子とし
作曲：本多鉄麿

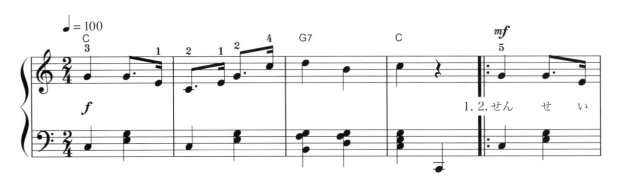

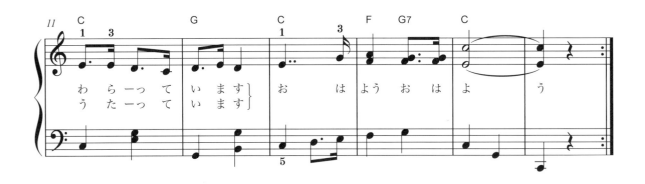

わらべうた①：「あぶくたった」

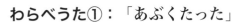

02. おはようのうた

作詞：高　すすむ
作曲：渡辺　茂

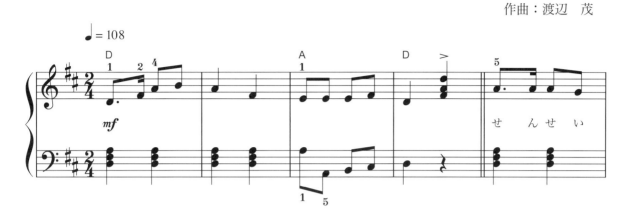

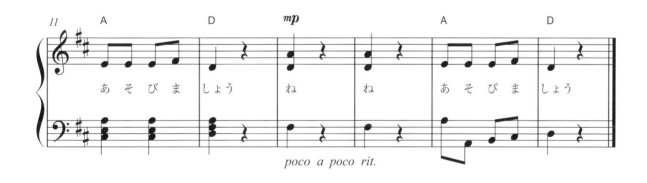

03. おべんとう

作詞：天野　蝶
作曲：一宮道子

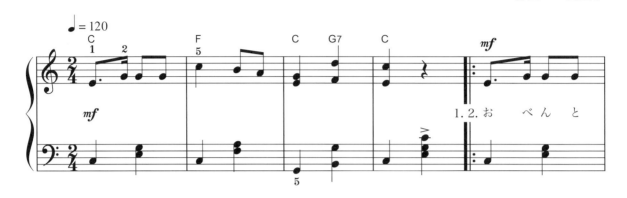

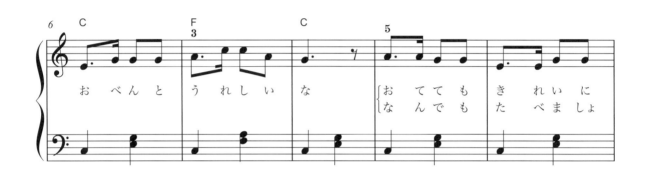

① ♩. ♪ ♩ ♩ のリズムが、♩. ♪ ♩. ♪ にならないよう注意しましょう。

② ♩ ♩ ♩ のリズムが、♩ ♩. ♪ にならないよう注意しましょう。

04. はをみがきましょう

作詞・作曲：則武昭彦

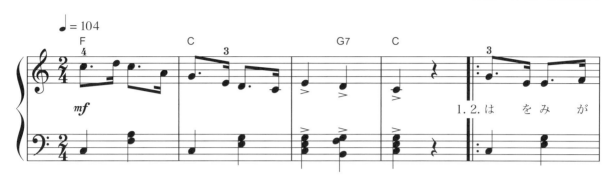

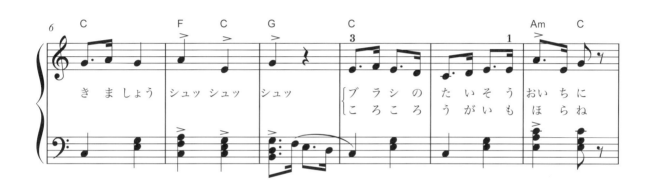

わらべうた②：「あしたてんきになーれ」

生活の歌
Level 3

05. さよならのうた

作詞：高　すすむ
作曲：渡辺　茂

おもしろかった　おもしろかった　おもしろかった　おあそびも

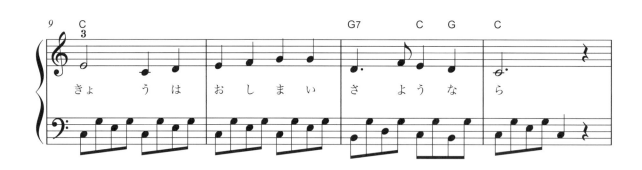

きょ　う　は　おしまい　さ　よう　な　ら

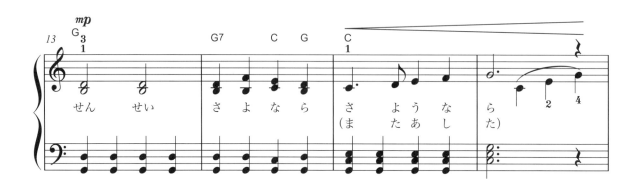

せん　せい　さよなら　さ　よう　な　ら
（また　あし　た）

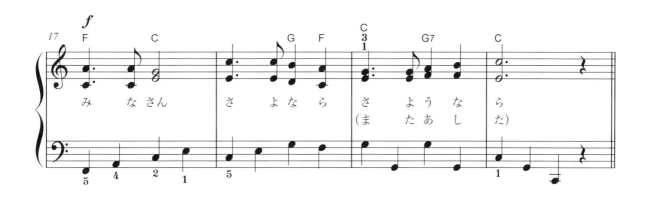

おかえりのマーチ

PLUS ALPHA

子どもの声域

　乳幼児は身体の成長に伴い声帯も発達し、徐々に広い音域を出せるようになっていきます。下の楽譜を見てください。2〜5歳児までの幼児が、比較的出しやすい声域を表しています（もちろん、これには個人差があります）。これよりも高い音や低い音が多く用いられる楽曲を教材として使用すると、無理に出そうとして声帯を痛めたり、怒鳴り声になってしまったり、歌唱を楽しむどころではなくなってしまいます。

　わらべうたや古くから歌い継がれている童謡などは音域が狭いのですが、比較的新しい子どもの歌やアニメソングなどは、かなり広い音域で作曲されている場合があるので注意が必要です。保育者は、子どもの発達段階をよく理解した上で、適切な楽曲を選曲することが求められます。

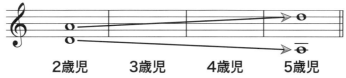

2歳児　　3歳児　　4歳児　　5歳児

06. おかえりのうた

作詞：天野　蝶
作曲：一宮道子

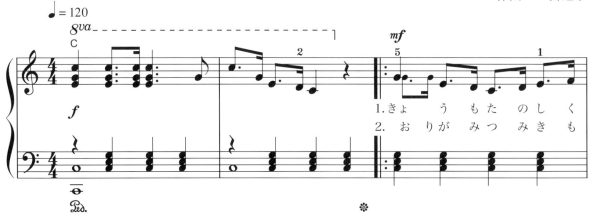

1.きょ　う　も　た　の　し　く
2.お　り　が　み　つ　み　き　も

す　み　ま　し　た
か　た　づ　け　て

な　か　よ　し　こ　よ　し　で
お　か　え　り　お　し　た　く

か　え　り　ま　しょう
で　き　ま　し　た

せ　ん　せ　い
み　な　さ　ん

さ　　よ　な　ら
さ　　よ　な　ら

ま　た　ま　た　あ　し
ま　た　ま　た　あ　し

た
た

9小節目：右手の16分音符と左手の8分音符を弾くタイミングが一緒ではないので要注意です。右の譜例1の矢印を参考にしてください。両手を合わせたリズムをリズム唱すると「タン タカ タン タカ」となります。「タン」は両手同時、「タ」は左手、「カ」は右手だと思って練習しましょう。

子どもの歌では、このリズム・パターンがよく用いられているので正確に弾けるように練習しましょう。

譜例1

タン タカ タン タカ

07. せんせいとお友だち

作詞：吉岡　治
作曲：越部信義

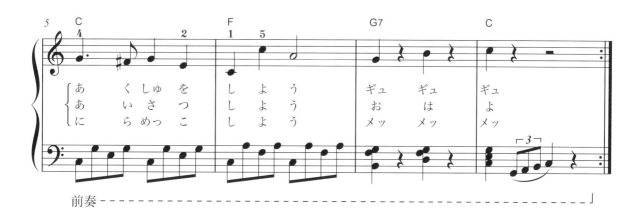

前奏 - ┘

08. おててをあらいましょう

作詞・作曲：作者不詳

前奏 - ┘

手遊びの歌
Level 1

09. おむねをはりましょ

作詞・作曲：作者不詳

おむねを はりましょ のばしましょ おてては

りょうほう うしろに くんで ぐーっと おむねを

はりましょう りっぱな しせいに なりました

前奏- -

手遊びの歌
Level 1

10. あたま・かた・ひざ・ポン

イギリス民謡
日本語詞：高田三九三

あたまかたひざポン ひざポンひざポン あたまかたひざポン めみみはなくち

前奏- - - - - - - - - - - - - - - - -

11. むすんでひらいて

作詞：文部省唱歌
作曲：J. J. Rousseau

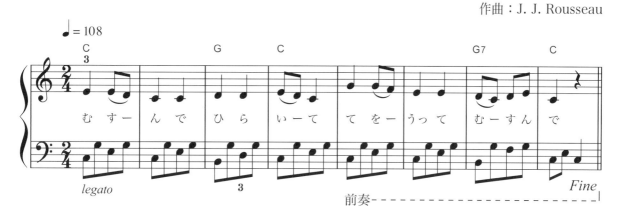

むす－んで ひら いーて て を－うって むーすん で

legato　　　　　　　3　　　　　　　　　　　　前奏　　　　　　　　　　　　Fine

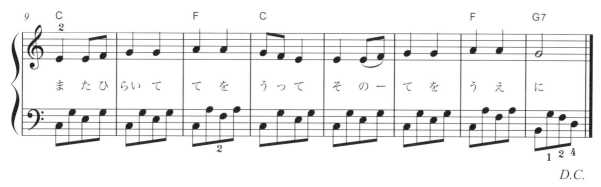

また ひらいて て を うって そ の－て を うえ に

D.C.

12. いとまきのうた

作詞：香山美子
作曲：小森昭宏

い と まき まき い と まき まき ひい て ひい て トン トン トン

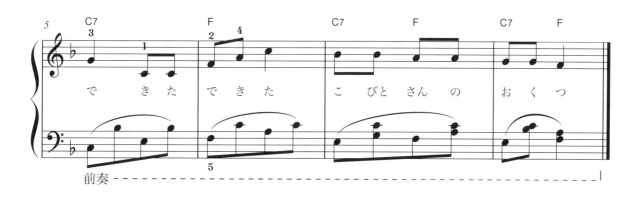

で きた で きた こ びと さん の おく つ

前奏

手遊びの歌
Level 1

13. グーチョキパーでなにつくろう

フランス民謡
日本語詞：斉藤二三子

手遊びの歌
Level 2

14. 大きな栗の木の下で

イギリス民謡
訳詞：平多正於

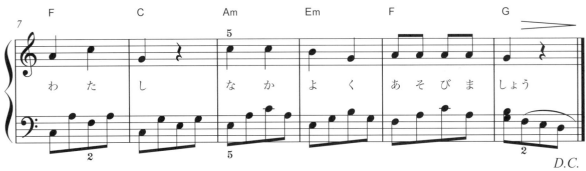

124

15. とんとんとんとんひげじいさん

作詞：作者不詳
作曲：玉山英光

とん とん とん とん　ひげじいさん　とん とん とん とん　こぶじいさん

とん とん とん とん　てんぐさん　とん とん とん とん　めがねさん

とん とん とん とん　てをうえに　らん らん らん らん　てはおひざ

前奏 - *rit.*

わらべうた③：「かごめかごめ」

か　ご　め　か　ご　め　　か　ご　の　な　か　の　と　り　ー　は　　い　つ　い　つ　で　や　ー　る

よ　あ　け　の　ば　ん　に　　つ　る　と　か　め　と　す　べ　っ　た　う　し　ろ　の　し　ょ　う　め　ん　だ　ー　れ

16. アルプス一万尺

アメリカ民謡
日本語詞：作者不詳

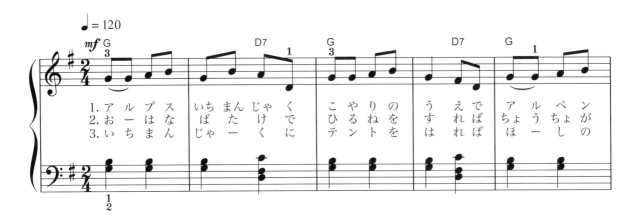

前奏 -

わらべうた④：「だるまさん」

17. コブタヌキツネコ

作詞・作曲：山本直純

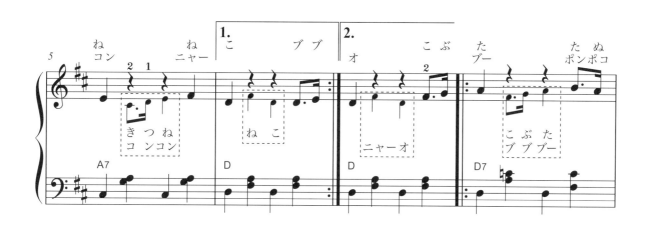

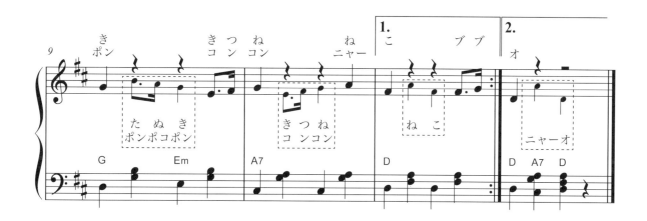

18. 幸せなら手をたたこう

アメリカ民謡
訳詞：木村利人

6番の後、再度1番を歌う。

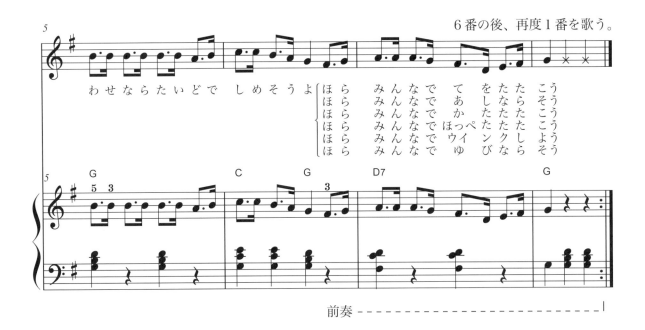

前奏 ──────────────────────

↓ ↓　左の音符は、歌詞に合わせた動作をしてください。例えば、歌詞に「手をたたこう」とあれば
✕ ✕　手拍子を、「足鳴らそう」であれば足踏みをします。

19. ずいずいずっころばし

わらべうた

ず い ず い ずっ こ ろ ば し ご ま み そ ず い ちゃ つ ぼ に お わ れ て

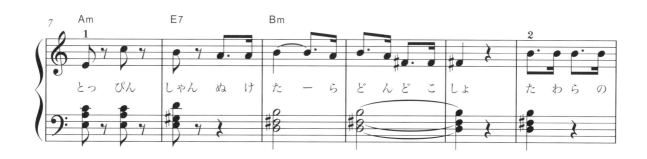

とっ ぴん しゃん ぬ け たー ら どん ど こ しょ た わ らの

ね ず み が こ め くっ て チュウ チュ ウ チュ ウ チュ ウ お と さんが

よ ん で も お か さ ん が よ ん で も い き いっ こ なー ー し

よ いど の ま わ り で お ちゃ わん か いた の だー ー れ

20. ピクニック

イギリス民謡
訳詞：萩原英一

おかをこえ　いこうよ　くちぶえふき　つ　つ

そらはすみ　あおぞら　まきばをさし　て　ー　うた

おう　ー　ほがら　に　ー　ともに　てをとり　ラ　ラ　ラ　ラ　ラ　ラ　ラ　ラ　ラ　ラ

ラ　ラ　ラ　ラ　あひるさ　ん（ガァー）　ラ　ラ　ラ　ラ　ラ　ラ　やぎさん　も（メーェ）　ラ　ラ

前奏

うたごえあわせよ　あしなみそろえよ　きょうもゆかい　だ

21. すてきなパパ

作詞・作曲：前田恵子

22. たなばたさま

作詞：権藤はなよ
補詞：林　柳波
作曲：下総皖一

前奏－－－－－－－－－－－－－－－－－－－－－－－－－－－－－－－－－－－－－－

23. Happy Birthday To You

作詞・作曲：P. S. Hill
M. J. Hill

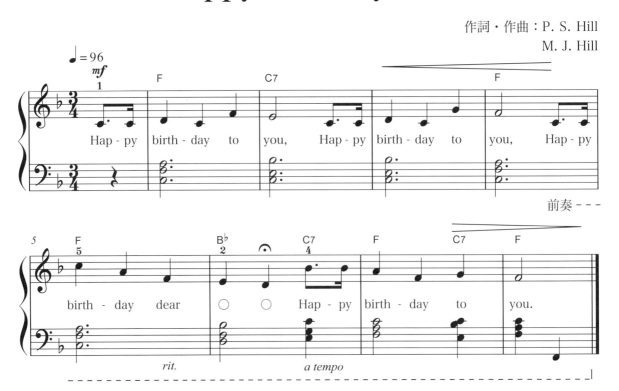

前奏－－－

24. うんどうかい

作詞：三越左千夫
作曲：木原　靖

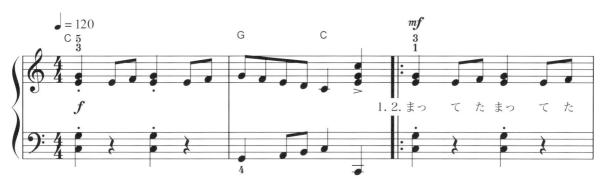

1.2.まっ　て　た　まっ　て　た

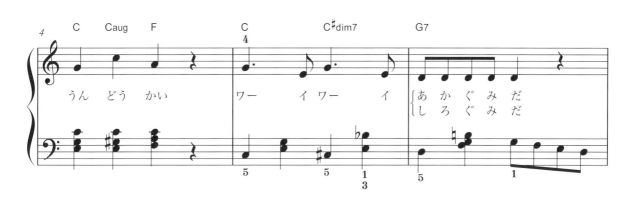

うん　どう　かい　　ワー　イ　ワー　イ　　{あ　か　ぐ　み　だ
　　　　　　　　　　　　　　　　　　　　　　し　ろ　ぐ　み　だ

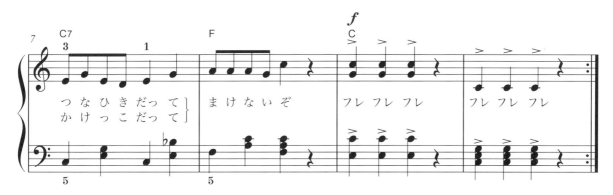

{つ　な　ひ　き　だって　まけ　ない　ぞ　　フレ　フレ　フレ　　フレ　フレ　フレ
　か　けっ　こ　だって}

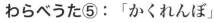

わらべうた⑤：「かくれんぼ」

か　くれ　ん　ぼ　する　もの　よっ　とい　で　じゃ　ん　けん　ぽん　よ

あ　い　こ　で　しょ　1.2.もう　いい　かい　まぁ　だ　だ　よ
　　　　　　　　　　　3.もう　いい　かい　もう　いい　よ

133

25. ジングル・ベル

作曲：J. L. Pierpont

訳詞：宮澤章二

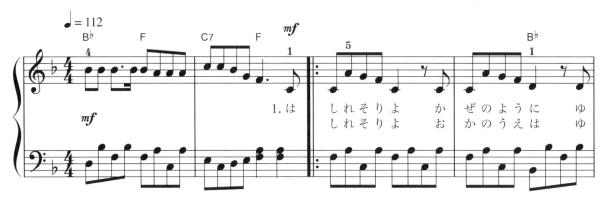

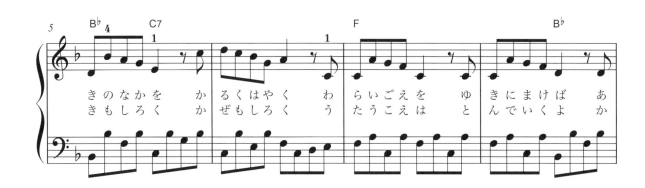

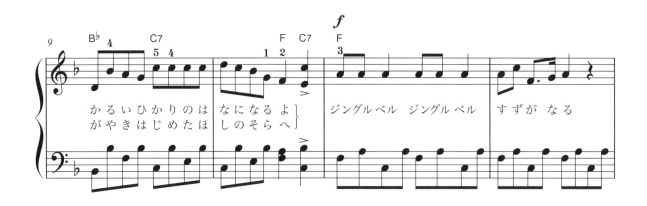

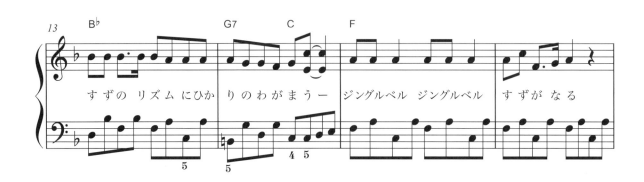

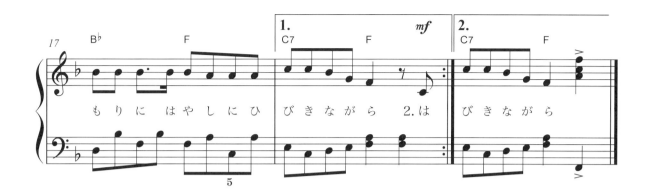

26. HOLY NIGHT
― きよしこの夜 ―

作詞：J. Mohr
作曲：F. X. Gruber
訳詞：由木　康

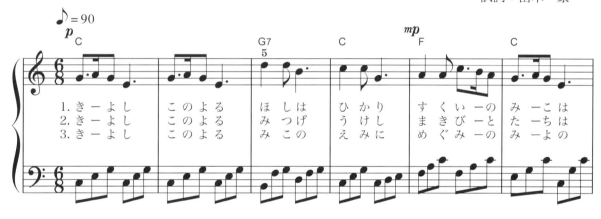

1. きーよし　　このよる　　ほしはー　　ひかり　　すくいーの　　みーこは
2. きーよし　　このよる　　みつげー　　うけしし　　まきびーと　　たーちは
3. きーよし　　このよる　　みこの　　　えみに　　　めぐみーの　　みーよの

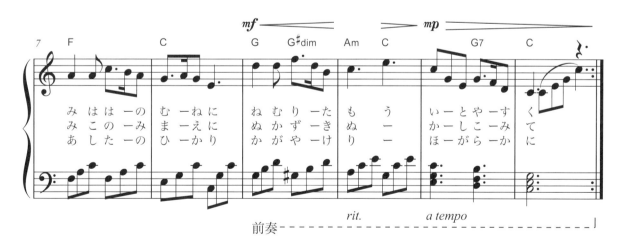

みははーの　　むーねに　　ねむりーた　　も　う　　いーとやーす　　くて
みこのーみ　　まーえに　　ぬかずーき　　ぬー　　かーしこーみ　　ほ
あしたーの　　ひーかり　　かがやーけ　　りー　　ほーがらーか　　に

前奏 - ⌐
                    rit.   a tempo

ゆったりとした6/8拍子です。拍の取り方に注意しましょう。6/8拍子は2拍子です。心の中で8分
音符を「1・と・と・2・と・と」のように感じながら演奏するとよいでしょう。

27. うれしいひなまつり

作詞：サトウハチロー
作曲：河村光陽

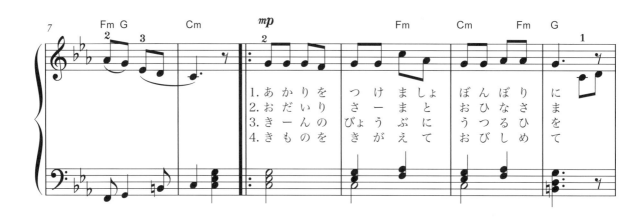

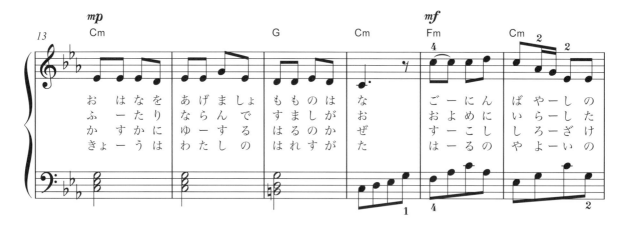

28. 一年生になったら

作詞：まど・みちお
作曲：山本直純

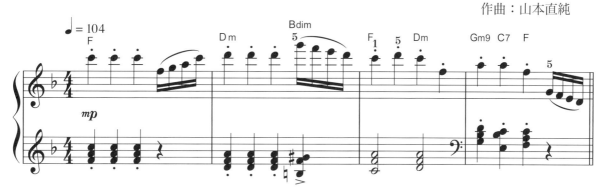

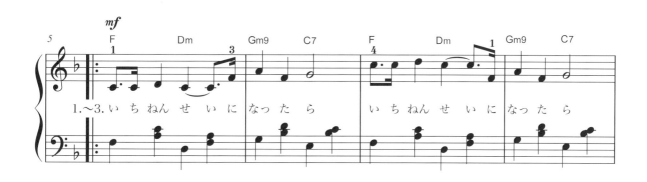

1.～3. い ち ね ん せ い に　な っ た ら　　い ち ね ん せ い に　な っ た ら

（3番は「レ」で）

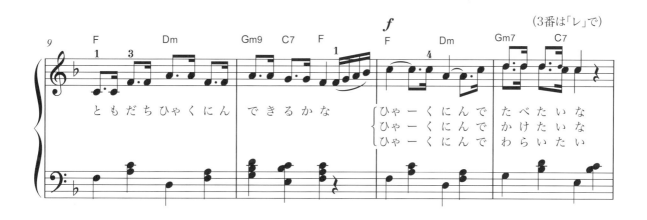

と も だ ち ひ ゃ く に ん　で き る か な

ひゃ ー く に ん で　た べ た い な
ひゃ ー く に ん で　か け た い な
ひゃ ー く に ん で　わ ら い た い

ふ じ さ ん の　う え で　　お に ぎ り を　　ぱ っ く ん ぱ っ く ん　ぱ っ く ん と
に っ ぽ ん じ ゅ う を　　ひ と ま わ り　　ど っ し ん ど っ し ん　ど っ し ん と
せ か ー い じ ゅ う を　　ふ る わ せ て　　わ っ は は わ っ は は　わ っ は っ は

29. ドキドキドン！一年生

作詞：伊藤アキラ
作曲：櫻井　順

♩=120

1. サクラさいたら　いちねんせい　ひとりで　いけるかなな
2. チョウチョとんだら　いちねんせい　カバンは　おもいかなな
3. ヒバリないたら　いちねんせい　ぼうしは　にあうかなな

となりにすわるこ　いいこかなな　ともだちに　なれるかなな
ねむたくなったこら　どうしよう　きゅうしょくには　うまいかなな
あめのひかぜのひ　へいきかな　べんきょうも　するのかなな

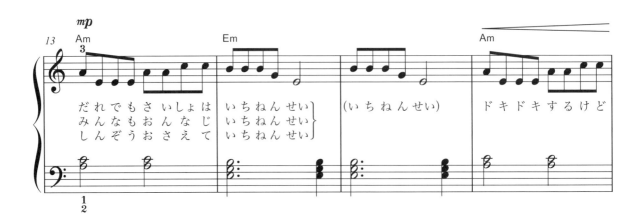

だれでもさいしょは　いちねんせい　(いちねんせい)　ドキドキするけど
みんなもおんなじ　いちねんせい
しんぞうおさえて　いちねんせい

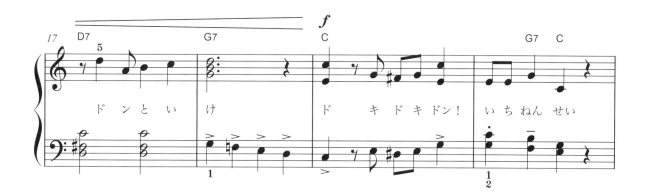

ドンといけ　ドキドキドン！　いちねんせい

ドキドキドン！　いちねんせい

いちねんせい

30. 思い出のアルバム

作詞：増子とし
作曲：本多鉄麿

1. い　はな　あ　ふ　ふ　い
2. は　な　つ　き　ゆ　ゆ　ち
3. な　つ　の　の　の　ね
4. あ　る　の　の　の　ね
5. ふ　き　の　の　の
6. ふ　ゆ　の　ん
7. い　ち

のの　のの　のの　ののの　ち　ここここここ　ん　とととととと　だ　かすすすすす　を　でででででで　じゅ　じゅ　すすすすす　おもいだして　ごらん

あんなこと　こんなこと　あった　でしょう

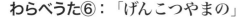

わらべうた⑥：「げんこつやまの」

げん こ つ や まの た ぬき さん おっ ぱ いの んで

ね ん ね して だっ こ して おん ぶ して また あした

31. ありがとう・さようなら

作詞：井出隆夫
作曲：福田和禾子

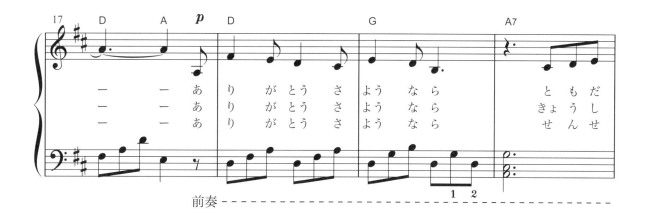

前奏 -

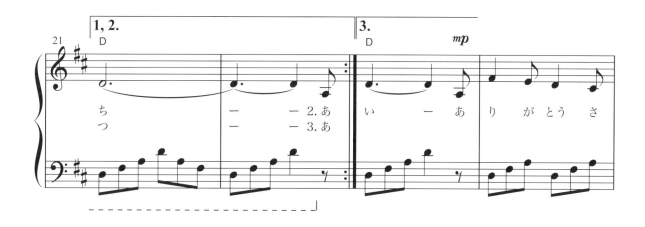

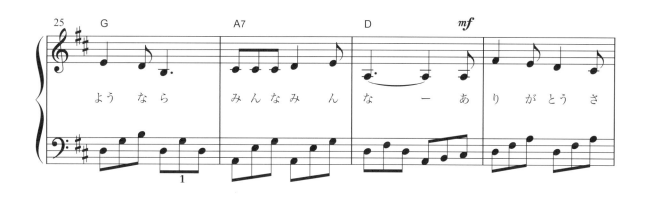

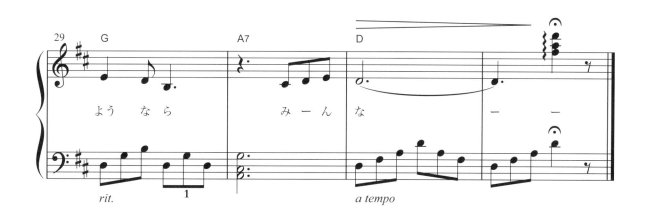

32. みんなともだち

作詞・作曲：中川ひろたか

33. ちょうちょう

スペイン民謡
訳詞：野村秋足

ちょうちょう　ちょうちょう　なのはに　とまれ　なのはに　あいたら　さくらに　とまれ

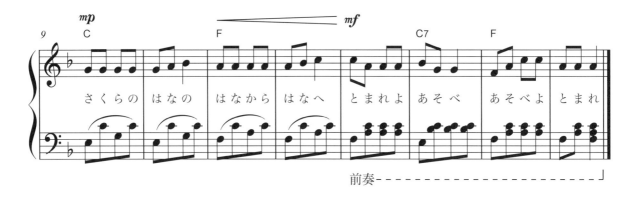

さくらの　はなの　はなから　はなへ　とまれよ　あそべ　あそべよ　とまれ

前奏- -

34. チューリップ

作詞：近藤宮子
音楽之友社
作曲：井上武士

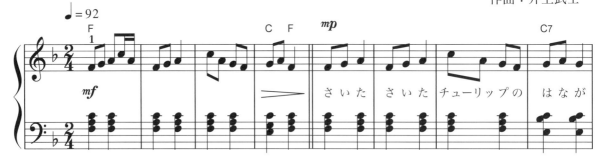

さいた　さいた　チューリップの　はなが

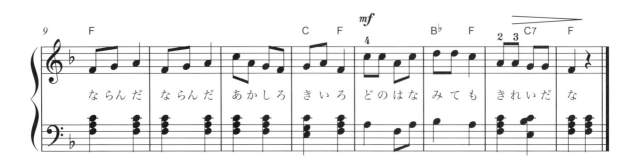

ならんだ　ならんだ　あかしろ　きいろ　どのはな　みても　きれいだ　な

35. 春がきた

作詞：髙野辰之
作曲：岡野貞一

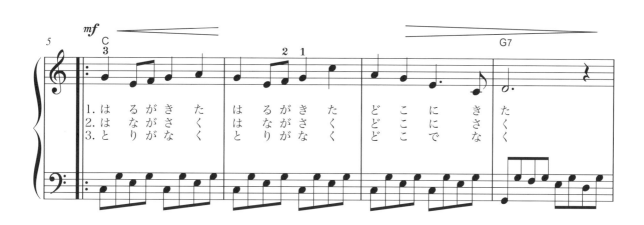

わらべうた⑦：「あがりめさがりめ」

あ　が　り　め　　　さ　が　り　め　　　ぐ　るっ　と　ま　わっ　て　ね　こ　の　め

36. おはながわらった

作詞：保富庚午
作曲：湯山　昭

37. こいのぼり

作詞：近藤宮子
作曲：作者不詳

38. あめふりくまのこ

作詞：鶴見正夫
作曲：湯山　昭

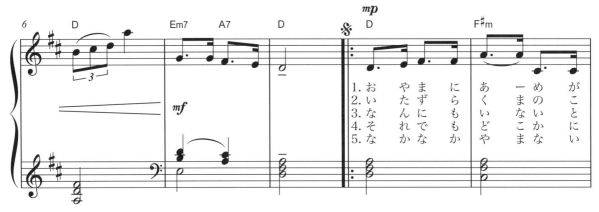

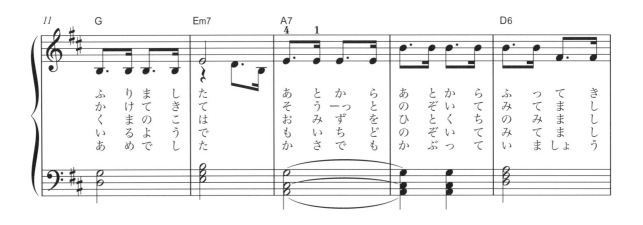

間奏（3番のあとのみ）

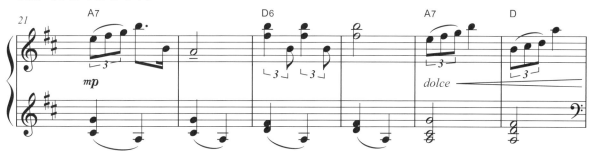

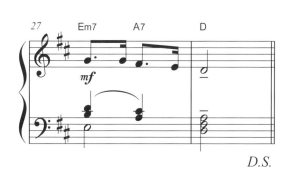

D.S.

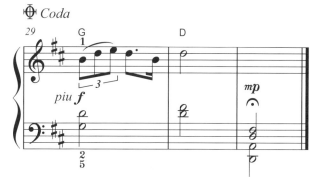

季節の歌
Level 2

39. 水あそび

作詞：東　くめ
作曲：滝　廉太郎

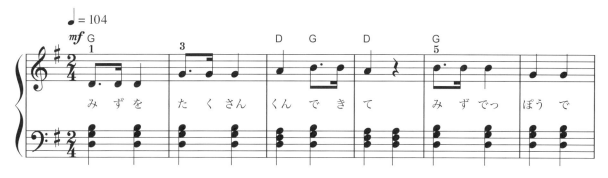

みずを　たくさん　くんできて　みずでっぽうで

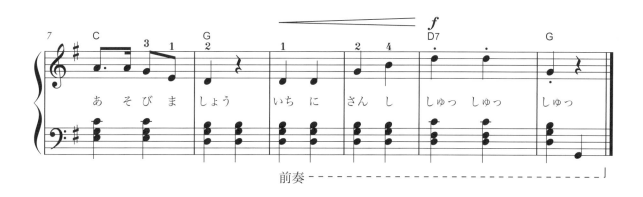

あそびましょう　いちに　さんし　しゅっしゅっしゅっ

前奏- -

40. にじのむこうに

作詞・作曲：坂田 修

41. にじ

作詞：新沢としひこ
作曲：中川ひろたか

※9小節目から三和音を分散和音（下から3連符）で弾いてもよい。その場合、16小節目の最後のソは1オクターヴ上で演奏する。

42. うみ

作詞：林　柳波
作曲：井上武士

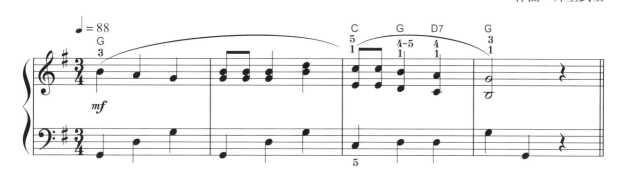

1. う　み　は　は　ひ　ろ　い　な　おお　おお　き　い　な
2. う　み　は　は　ひ　ろ　い　な
3. う　み　に　おお　ふ　ね　を

つ　ゆ　い　きれ　っ　は　て　て
の　ど　み　ぼ　こ　た　る　ま　い　し　で　な
ひ　よ　つ　は　づ　そ　し　く　の　ず　やく　むら　に

わらべうた⑧：「いっぽんばしこちょこちょ」

いっ ぽん ば し　こ ちょこ ちょ　す べっ て た たい て

つ ねっ て　かい だん の ぼっ て こ ちょこ ちょ

43. アイスクリームの歌

作詞：佐藤義美

作曲：服部公一

♩= 120 少し遅めの行進曲

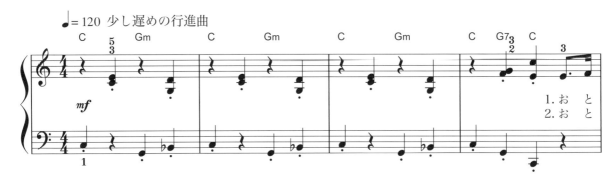

1. お　　と
2. お　　と

ぎ　ば　な　し　の　　おう　じ　でも｝　むか　し　は　とても　　た　べ　られ　ない　アイ
ぎ　ば　な　し　の　　おう　じょ　でも｝

ス　ク　リー　　　ム　　　アイ　ス　ク　リ　ー　ム　　　ぼ　ー　く
わ　た　し

は　おう　じ　では　　ない　けれど｝アイ　ス　ク　リ　ームを　　めし　あ　が　る　スプ
は　おう　じょ　では　　ない　けれど｝

ン　です　くって　　ぴちゃ　ちゃ　ちゃ　した　　に　の　せ　ると　　ト　ロン　ー　トロ　のど

44. 松ぼっくり

作詞：広田孝夫
作曲：小林つや江

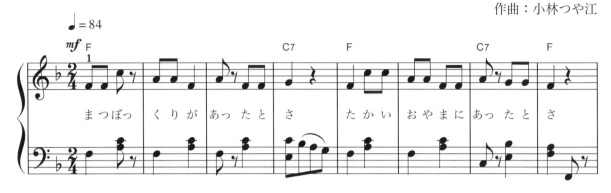

まつぼっ くりが あったと さ たかい おやまに あったと さ

ころころ ころころ あったと さ おさるが ひろって たべたと さ

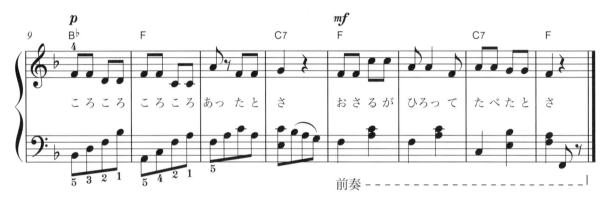

前奏 ーーーーーーーーーーーーーーーー

45. 小ぎつね

ドイツ民謡
訳詞：勝　承夫

♩=108

sempre stacc.

1.こ ぎ つ ね	コン ン コン ン	やま の なや な	かま か	やま の なや な	かま か	くさ れの みの な
2.こ こ つ ね	コン ン コン ン	やふ ゆの のあ	かま か	やふ ゆな のの あ	かま か	かお れお はき な
3.こ ぎ つ つ ね	コン ン コン	あふ なの の	かま			おお きき な

つ ぶ して	お け しょう	し た りず し	も き じい のな を	か ん ざ し	つ げ の くな え	し し る
き も のじゃ	お ぬ じゃ うま	しぬ え るな	みれ くじ びのな	かも よし か	はな んもが	
しっ ぽ は	しま にに は	し ぬ な	も こ	かもか	げ はん か もが	

前奏ーーーーーーーー

46. 虫のこえ

文部省唱歌

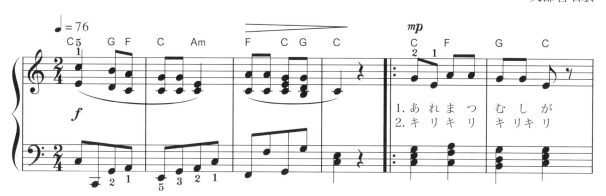

47. もみじ

作詞：髙野辰之

作曲：岡野貞一

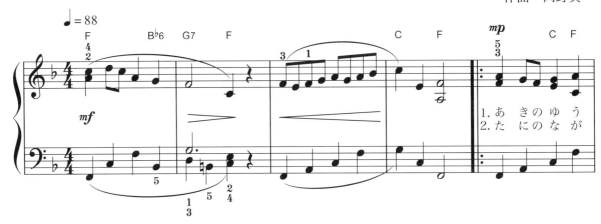

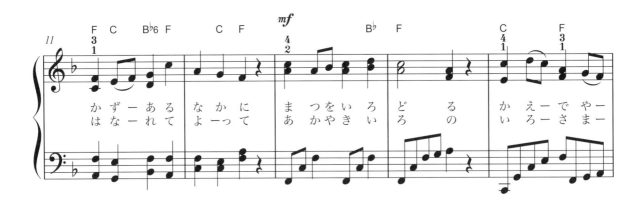

48. どんぐりころころ

作詞：青木存義
作曲：梁田　貞

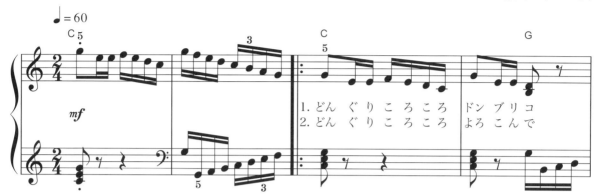

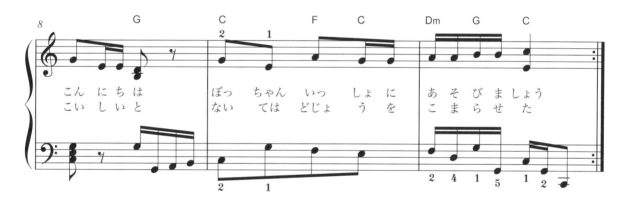

わらべうた⑨：「おてらのおしょうさん」

季節の歌
Level 3

49. とんぼのめがね

作詞：額賀誠志
作曲：平井康三郎

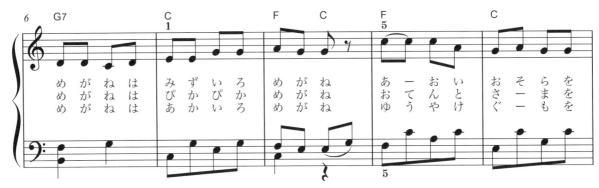

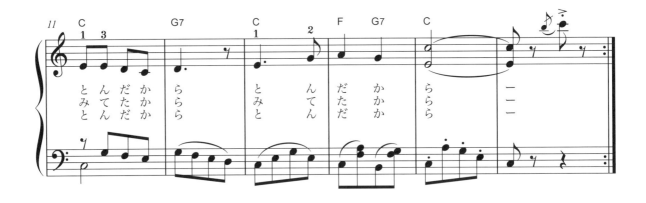

わらべうた⑩：「ちょちちょちあわわ」

162

50. たき火

作詞：巽　聖歌
作曲：渡辺　茂

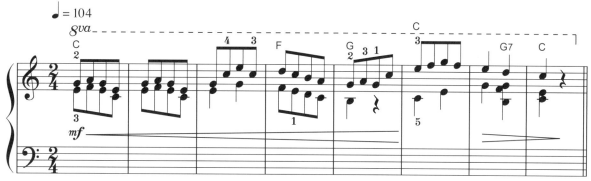

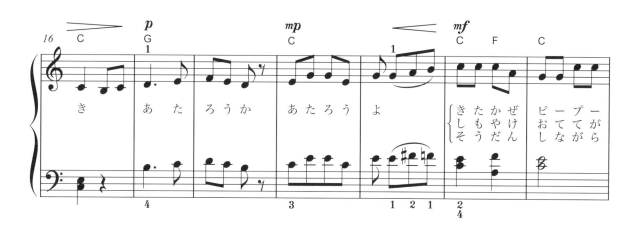

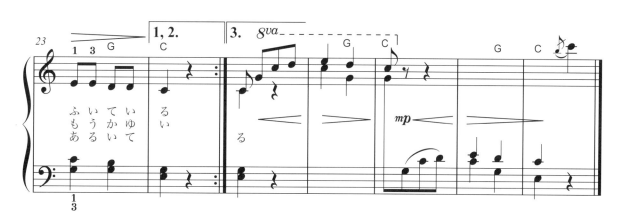

51. まっかな秋

作詞：薩摩　忠
作曲：小林秀雄

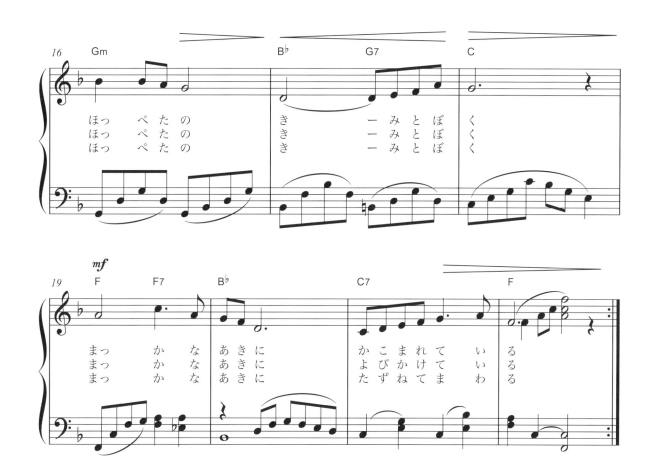

季節の歌
Level 1

52. うさぎ

日本古謡

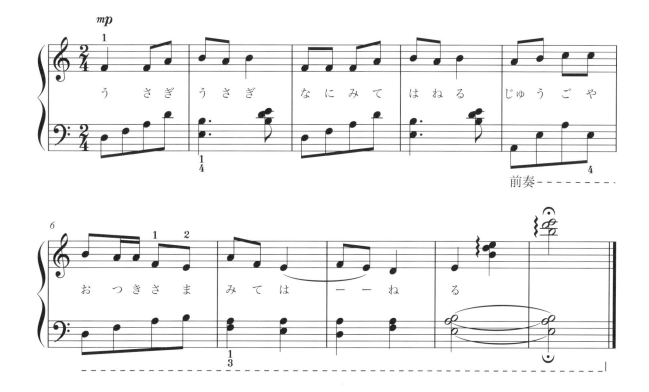

前奏 - - - - - - - -

53. やきいもグーチーパー

作詞：阪田寛夫
作曲：山本直純

♩ = 108

G7 / C / mf

やきいもやきいも
おなかが グー
ほかほかほかほか
あちちの チー
たべたら なくなる
なんにも パー それ
やきいも まとめて
グー チー パー
グー チー パー

わらべうた⑪：「ひらいたひらいた」

ひ らいた ひ らいた なんの はなが ひ らいた
つ ぼんだ つ ぼんだ なんの はなが つ ぼんだ

れんげの は なが ひ らいた ひ らいた と おもったら
れんげの は なが つ ぼんだ つ ぼんだ と おもったら

い つの まにか つ ー ー ぼ ん だ
い つの まにか ひ ー ー ら い た

166

季節の歌
Level 3

54. お正月

作詞：東　くめ
作曲：滝　廉太郎

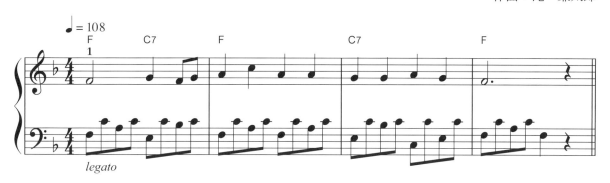

1.2.もう　　いくつ　ねる　と　　おしょう　が　　つ

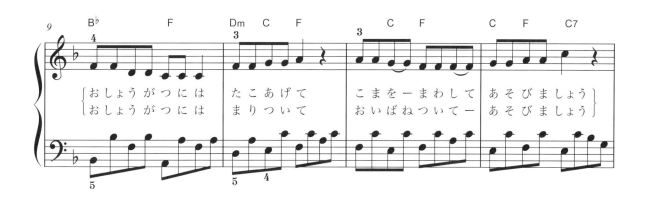

｛おしょうがつには　　たこあげて　　こまをーまわして　あそびましょう｝
｛おしょうがつには　　まりついて　　おいばねついてー　あそびましょう｝

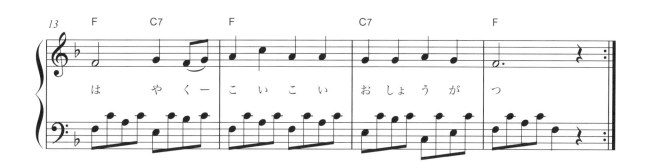

は　　や　くー　こ　い　こ　い　おしょう　が　つ

167

55. こんこんクシャンのうた

作詞：香山美子
作曲：湯山　昭

A1⇒**B**⇒**A2**⇒**B**⇒**A3**⇒**B**⇒**A4**⇒**B**⇒**A5**⇒**B**の順で演奏する

A1 りすを暗示させるように、可愛らしく

A2 ゆっくり、つるを暗示させるように

A3 ぶたを暗示させるように、愉快に

A4 ゆっくり、かばを暗示させるように

A5 ゆっくり、ぞうを暗示させるように

56. 雪

文部省唱歌

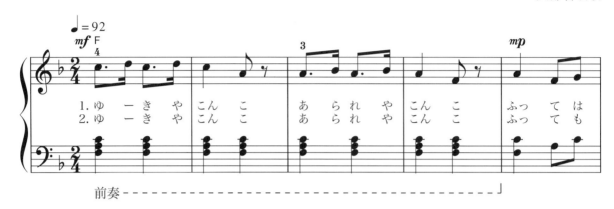

前奏 -

❀❀

わらべうた⑫：「ちゃちゃつぼちゃつぼ」

ちゃちゃつぼ ちゃつぼ　ちゃつぼにゃ ふたがない　そこをとって ふたにしよう

57. おかあさん

作詞：田中ナナ
作曲：中田喜直

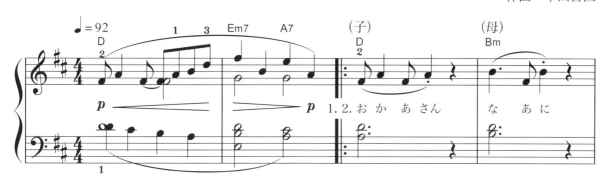

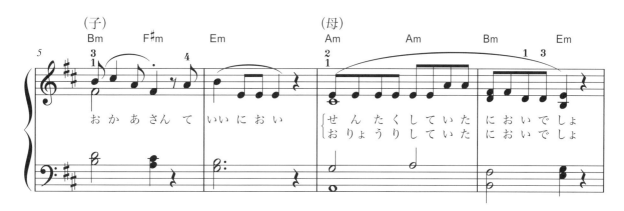

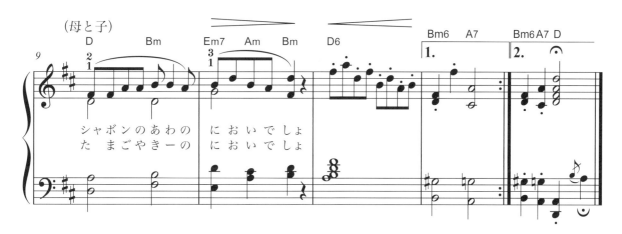

わらべうた⑬：「ほたるこい」

58. めだかの学校

作詞：茶木　滋
作曲：中田喜直

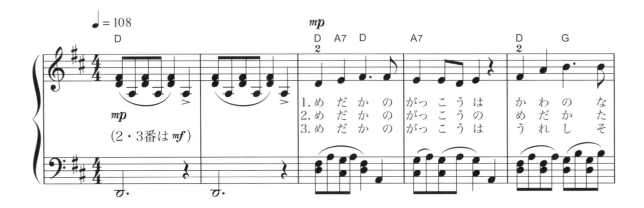

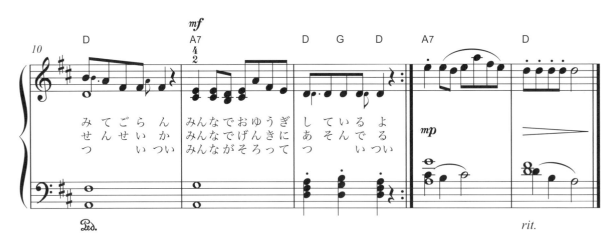

わらべうた⑭：「おしくらまんじゅう」

59. かわいいかくれんぼ

作詞：サトウハチロー

作曲：中田喜直

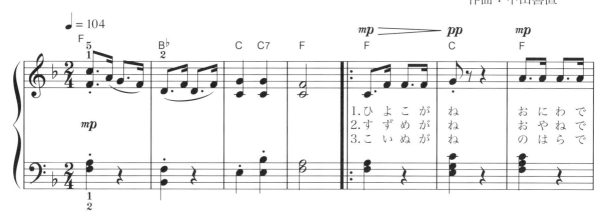

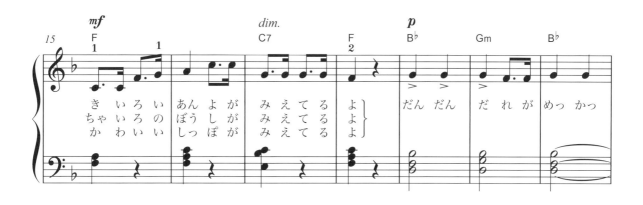

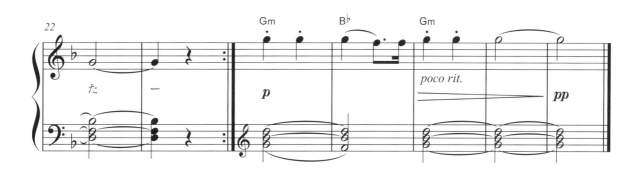

愛唱歌
Level 3

60. おつかいありさん

作詞：関根栄一
作曲：團　伊玖磨

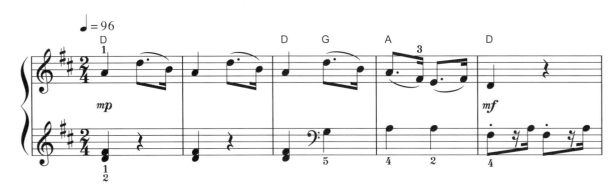

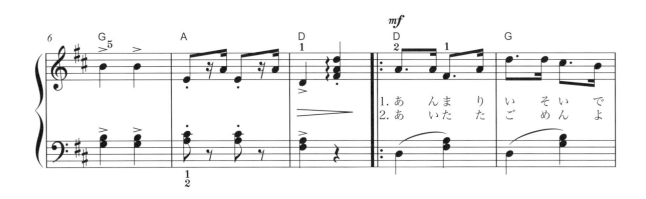

1. あ んま り い そい んで
2. あ いた た ご めん よ

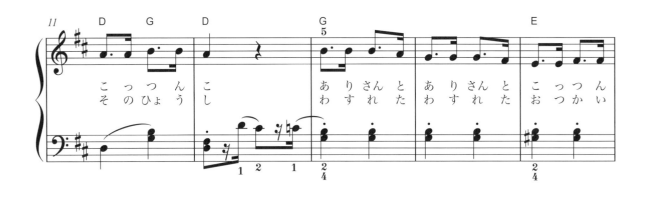

こ っ つ ん こ　　ありさんと　ありさんと　こっつん
そ の ひょ う し　　わすれた　わすれた　おつかい

こ　　　　　　あっ ちいって ちょんちょん　こっ ちきて ちょん
を

61. やぎさんゆうびん

作詞：まど・みちお
作曲：團　伊玖磨

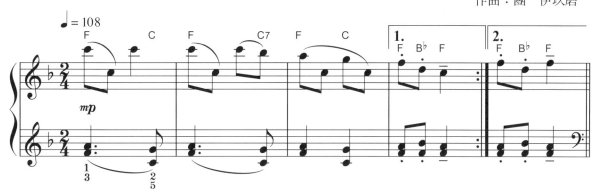

1.しろやぎ さん から おてがみ ついた くろやぎ
2.くろやぎ さん から おてがみ ついた しろやぎ

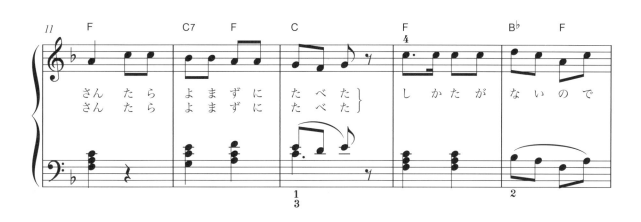

さん たら よまずに たべた しかたが ないので
さん たら よまずに たべた

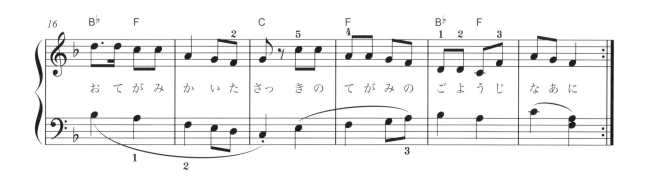

おてがみ かいた さっきの てがみの ごようじ なあに

62. ぞうさん

作詞：まど・みちお
作曲：團　伊玖磨

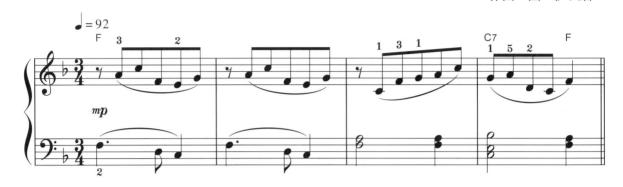

1. ぞ　　う　さん　　ぞ　　う　さん　　お　　は　な　が　　な　が　い　の　ね
2. ぞ　　う　さん　　ぞ　　う　さん　　だ　　ー　れ　が　　す　き　な　ー　の

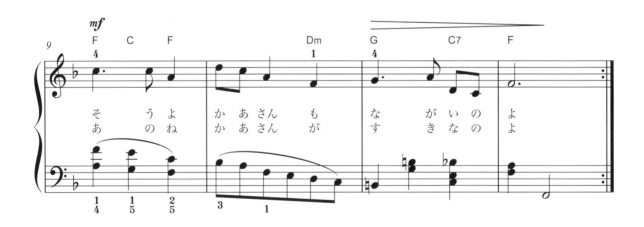

そ　　う　よ　　か　あ　さん　も　　な　　が　い　の　　よ
あ　　の　ね　　か　あ　さん　が　　す　　が　き　な　の　　よ

63. 手をたたきましょう

チェコ民謡
訳詞：小林純一

前奏 - ♩

64. シャボン玉

作詞：野口雨情
作曲：中山晋平

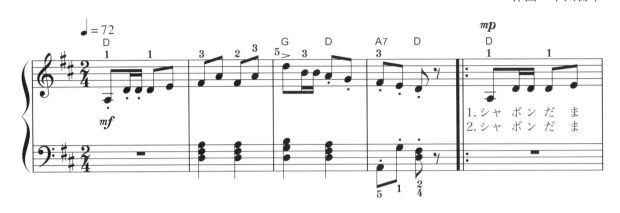

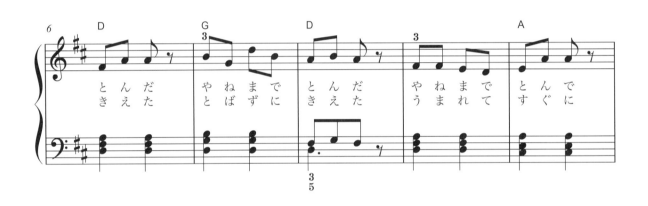

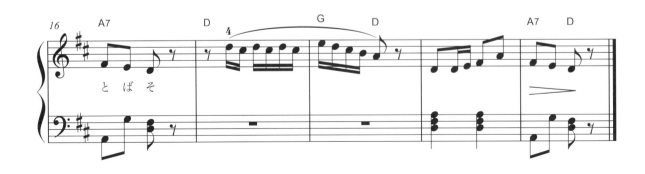

65. とけいのうた

作詞：筒井敬介
作曲：村上太朗

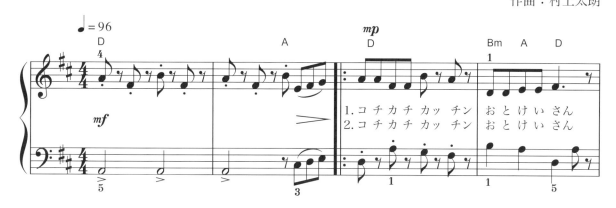

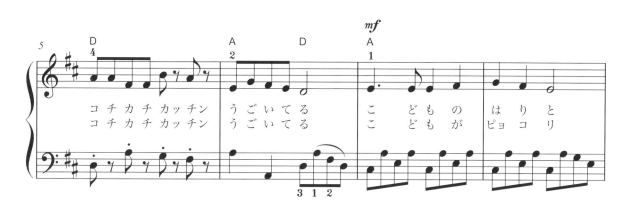

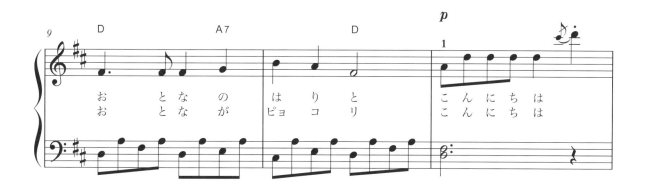

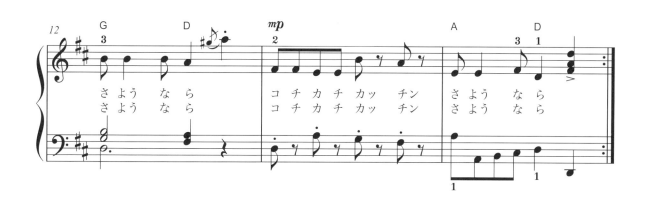

66. 線路は続くよどこまでも

アメリカ民謡
訳詞：佐木　敏

前奏 - - - - - - 66. 線路は続くよどこまでも - - - - - - - -

67. 山の音楽家

ドイツ民謡
訳詞：水田詩仙

前奏----

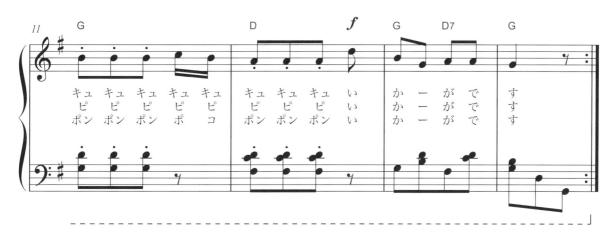

68. 夕やけこやけ

作詞：中村雨紅
作曲：草川　信

69. たのしいね

作詞：山内佳鶴子
補詞・作曲：寺島尚彦

70. ニャニュニョのてんきよほう

作詞：小黒恵子

作曲：宇野誠一郎

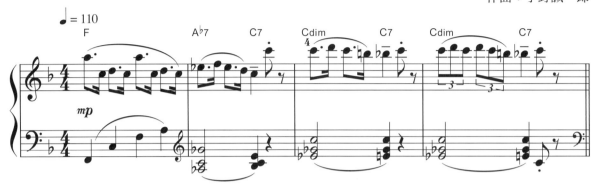

1.～3. ね ね ネコがね ナニヌネノ

シッポをたてたら / つーめをといだら / かーおをあらうと

いいてんき / くもりです / あめがふる ニャン

ニャニュニョニャニュニョの てんきよほう

あがりめ まわりめ / ひかるめ まるいめ / あおいめギョーロめ

ニャンコ のめ / ニャンコ のめ / ニャンコ のめ

ニャー ー ー / ミャー ー ー / ニャー ー ー

オ オ / ー ア / ー ア

オー / アー ー / アー

1, 2. ー ニャー オ / ン ミャーン

3. ン ニャー オン

71. そうだったらいいのにな

作詞：井出隆夫
作曲：福田和禾子

♩ = 112

そー う だったら いいのにな

C Am Dm G7 C C C7 F D#dim

f

そー う だったら い い の にな

mf

1.
2.
3.
4.
5.
6.

が の ス に に と
わ グ ー も か い
に ン ー ど な か
お ギ ロ こ せ つ
の コ ク が が う
ち ッ タ マ ね ほ
う び ン マ は ま

G7 C

Fine

ジ お つ な は き ょ
ン や か っ え う
グ ぶ ま ち ゃ て だ
る ん え っ き い
で で て て て で
こ お う わ き こ
い ぬ き だ し い っ
の な け が な た
タ ゴ ま か チ ョ と
ロ リ い わ ウ き
ー ラ ば り チ ョー
が が ん に の は
ラ よ ク お バ
イ ー リ か レ
オ じ ス あ り
ん ん マ さー
だ ぼ ス ン ナ
う

● ＿

C C#dim Dm G7 Gaug

D.S.

（●＿には自分の好きな呪文を入れる。）

愛唱歌
Level 5

72. 山のワルツ

作詞：香山美子
作曲：湯山　昭

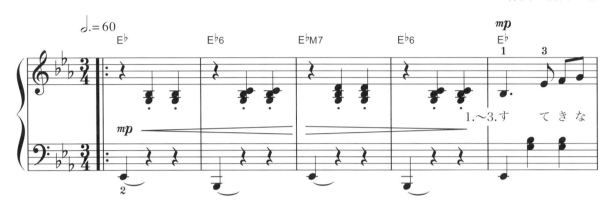

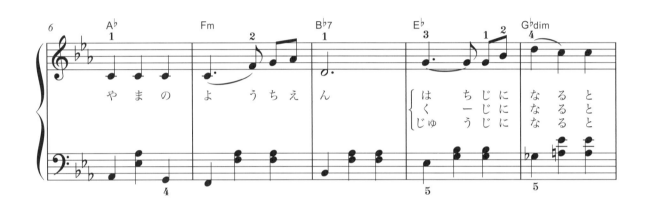

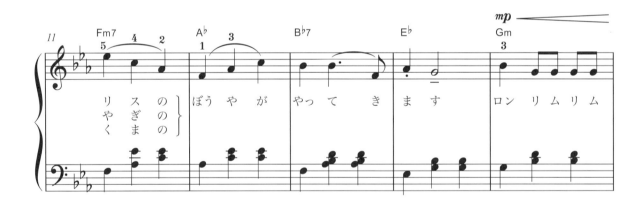

73. バスごっこ

作詞：香山美子
作曲：湯山　昭

1.～3.おおがたバス に のってます

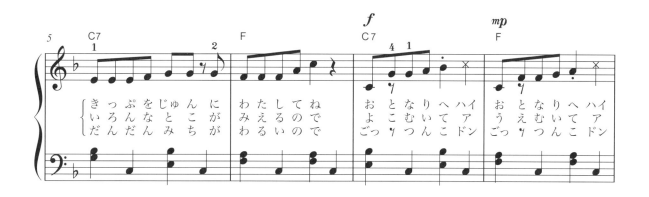

きっぷをじゅん に	わたしてね	おとなりへ ハイ	おとなりへ ハイ
いろんなとこ が	みえるので	よ こ むいて ア	う え むいて ア
だんだんみち が	わるいので	ごっ つんこ ドン	ごっ つんこ ドン

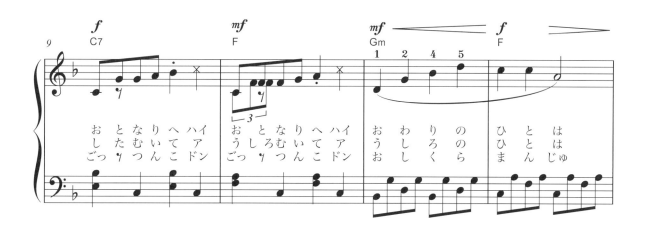

おとなりへ ハイ	おとなりへ ハイ	おわりの	ひと は は
した むいて ア	うしろむいて ア	おしろの ら	ひまと ん は
ごっ つんこ ドン	ごっ つんこ ドン	おしく ら	まん じゅ

ポケット	に！
ねーむっ	た！
ギュッギュッ	ギュッ！

74. ホ！ホ！ホ！

作詞：伊藤アキラ
作曲：越部信義

75. ぶんぶんぶん

ボヘミア民謡
訳詞：村野四郎

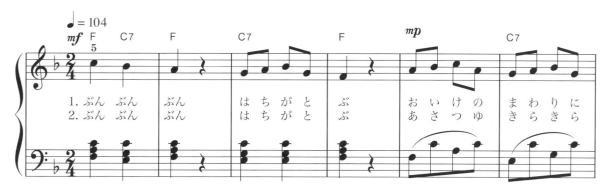

♩=104

ホ ホ ホ ホ　ユー レユー レユー レユー レ
ホ ホ ホ ホ　ユー レユー レユー レユー レ
よんでみ ようよー
あ お ぞ ら に　ー
そ の な ま え　ー

1. ぶん ぶん　ぶん　は ち が と　ぶ　おいけの　まわりに
2. ぶん ぶん　ぶん　は ち が と　ぶ　あさつゆ　きらきら

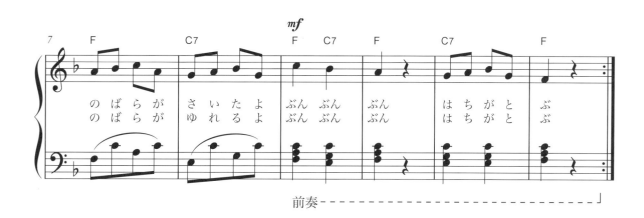

のばらが　さいたよ　ぶんぶん　ぶん　はちがと　ぶ
のばらが　ゆれるよ　ぶんぶん　ぶん　はちがと　ぶ

前奏- ⌐

189

76. カレンダーマーチ

作詞：井出隆夫
作曲：福田和禾子

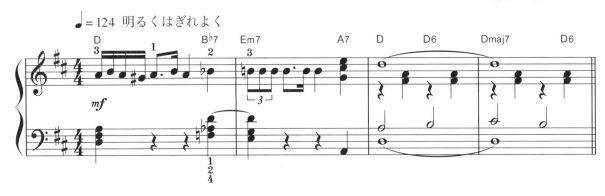

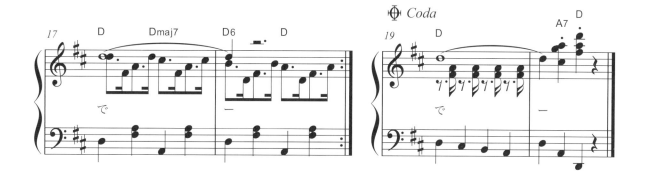

愛唱歌
Level 2

77. かたつむり

文部省唱歌

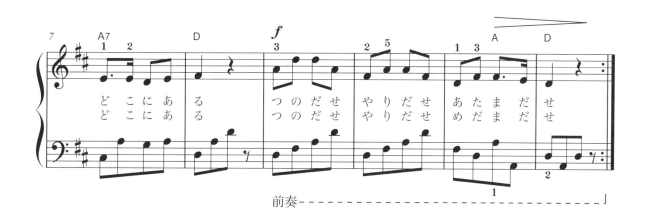

前奏－－－－－－－－－－－－－－－－－－－－－

78. 大きな古時計

作詞・作曲：H. C. Work
訳詞：保富庚午

前奏

愛唱歌
Level 1

79. メリさんのひつじ

アメリカ童謡
訳詞：高田三九三

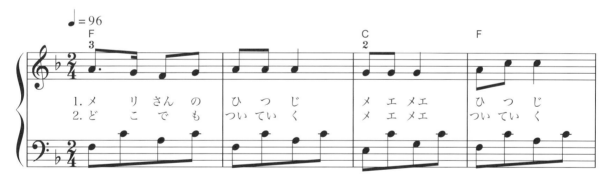

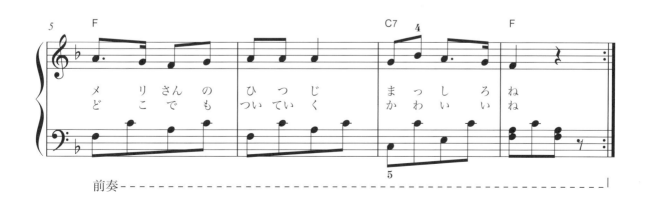

前奏 -

80. 犬のおまわりさん

作詞：佐藤義美
作曲：大中　恩

こまって しまって　ワン　ワン　ワン ワーン　　ワン　ワン　ワン ワーン

愛唱歌
Level 1

81. きらきらぼし

フランス民謡
訳詞：武鹿悦子

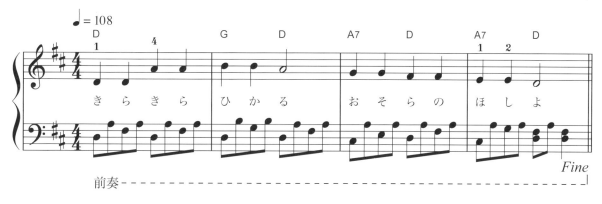

きらきら　ひかる　おそらの　ほしよ

前奏- -

まばたき しては　みんなを　みてる

D.C.

82. 森のくまさん

アメリカ民謡
訳詞：馬場祥弘

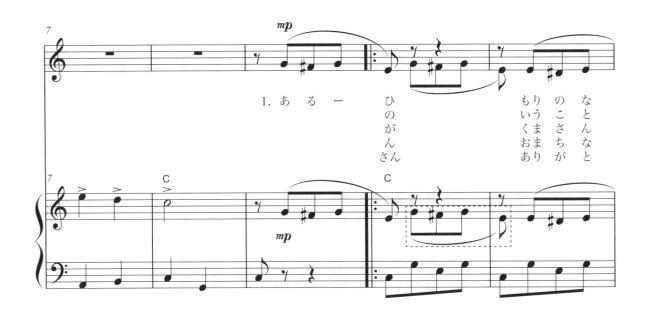

PLUS ALPHA

わらべうたについて

　「19. ずいずいずっころばし」には、ピアノ伴奏とコードネームが書かれていますが、これは伴奏付きの方が多人数で歌唱する際に歌いやすいとの考えで、半ば強引に加えたものです。わらべうたは、子ども達の遊び文化の中で生まれ世代から世代へと口伝されてきたものなので、元来、単旋律のみで伴奏などありません。作曲者が楽譜に旋律や伴奏を書き残しているわけではないので、地方によって歌詞や旋律が異なることも多々あるようです。本書では、「19.」以外に14曲を掲載（単旋律のみ）しています。これらも一応五線譜に書いてありますが、必ずしもこの高さで歌う必要はありません。歌唱者が歌いやすい高さで歌ってよいのも、わらべうたの特徴です。日本語の抑揚（イントネーション）が旋律の元になっている歌が多く音域も狭いため、日本語を母語とする子どもにとって歌いやすいという利点があります。

83. にんげんっていいな

作詞：山口あかり
作曲：小林亜星

84. うたえバンバン

作詞：阪田寛夫
作曲：山本直純

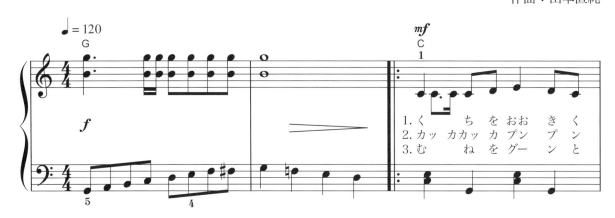

1. く　　　ち　を　おお　き　く
2. カッ　カ　カッ　カ　プン　プン　と
3. む　　　ね　を　グー　ン　と

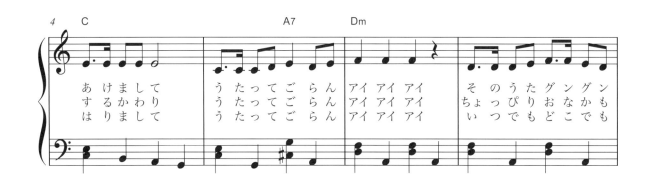

あ　け　ま　し　て　　う　たって　ご　ら　ん　　アイ　アイ　アイ　　そ　の　うた　グン　グン　も
す　る　か　わ　り　　う　たって　ご　ら　ん　　アイ　アイ　アイ　　ちょっ　ぴり　お　なか　も
は　り　ま　し　て　　う　たって　ご　ら　ん　　アイ　アイ　アイ　　い　つ　でも　ど　こ　でも

ひ　ろ　がって　　だ　れ　かの　こ　ころ　と　　こん　に　ち　は　　あ　あ　あ　　あ　　　いい
へ　る　けれ　ど　も　　こ　こ　ろ　が　ド　カン　と　　ひ　ら　き　ま　す　　あ　あ　あ　　あ　　　いい
ど　な　た　で　も　　こ　こ　ろ　が　ホ　カ　ホ　カ　　あった　ま　る　　あ　あ　　あ　　　いい

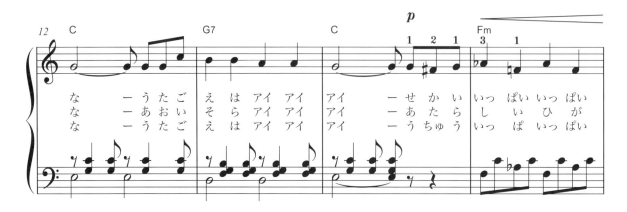

な　な　　ー　うた　ご　　え　は　アイ　アイ　　アイ　ー　せ　か　い　　いっ　ぱい　いっ　ぱい
な　な　　ー　あお　い　　そ　ら　アイ　アイ　　アイ　ー　あ　た　ら　　し　い　ひ　が
な　な　　ー　うた　ご　　え　は　アイ　アイ　　アイ　ー　う　ちゅう　　いっ　ぱ　いっ　ぱい

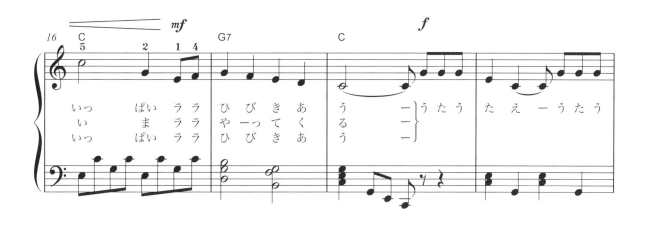

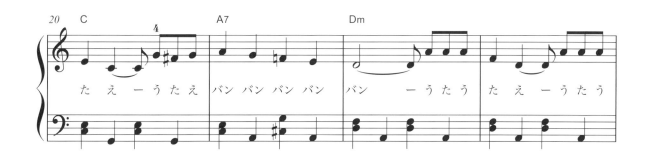

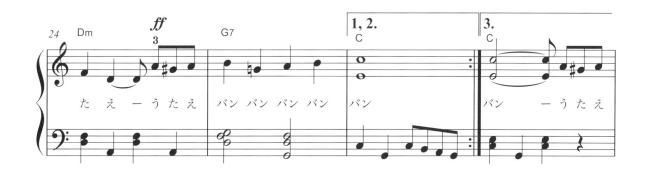

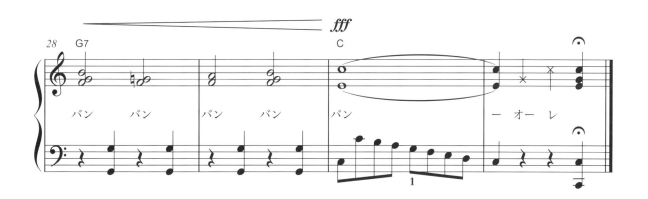

85. おもちゃのチャチャチャ

作詞：野坂昭如
補詞：吉岡　治
作曲：越部信義

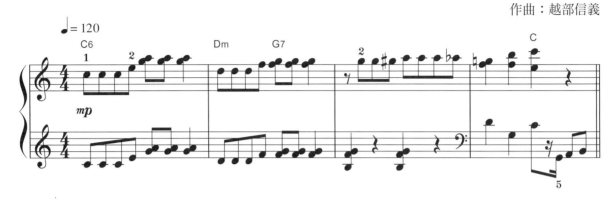

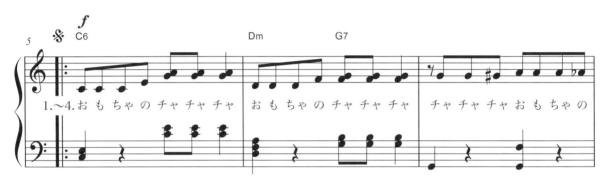

PLUS ALPHA

「*gliss.*」の奏法

　「*gliss.*」は、「glissando（グリッサンド＝滑る）」の略です。ピアノの場合、親指以外の4本指を揃えて、滑らせる方向に手の甲を向けます。次に、爪を鍵盤に当て、非常に素早く鍵盤上を駆け上がったり、逆に駆け下りたりする奏法です。本ページの「おもちゃのチャチャチャ」最終小節では、勢いよく3オクターヴ駆け下ります。「55. こんこんクシャンのうた」では、逆に2オクターヴ駆け上がるよう書かれています。上手く爪を当てて鍵盤上を滑らせないと、指を怪我する危険性があるので注意が必要です。

愛唱歌
Level 4

86. ふしぎなポケット

作詞：まど・みちお
作曲：渡辺　茂

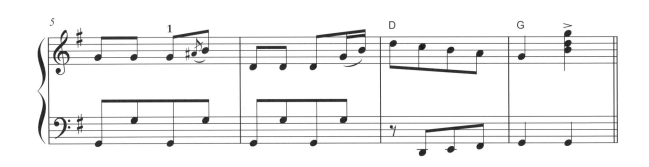

1.ポケット の　なか に は　ビス ケッ ト が　ひ と つ
2.も ひ と つ　た た く と　ビス ケッ ト が　み っ つ

ポケット を　た た く と　ビス ケッ ト は　ふ た つ
た た い て　み る た び　ビス ケッ ト は　ふ え る

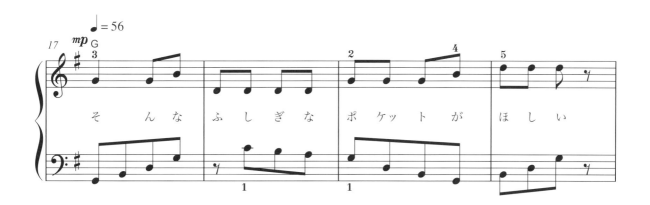

そ ん な ふ し ぎ な ポ ケ ッ ト が ほ し い

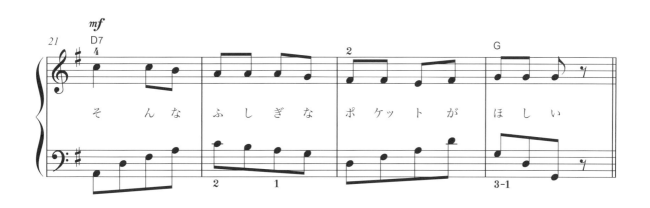

そ ん な ふ し ぎ な ポ ケ ッ ト が ほ し い

Tempo I

Tempo I（イタリア語：テンポ・プリモ）は、「はじめの速さで」という意味です。
　この曲では、17小節目でテンポが「♩=56」に変わりますが、25小節目から冒頭の「♩=112」
に戻して演奏します。

87. アイアイ

作詞：相田裕美
作曲：宇野誠一郎

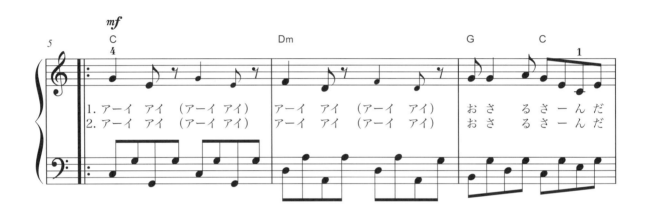

1. アーイ　アイ　（アーイ　アイ）　アーイ　アイ　（アーイ　アイ）　おさ　る　さーん　だ
2. アーイ　アイ　（アーイ　アイ）　アーイ　アイ　（アーイ　アイ）　おさ　る　さーん　だ

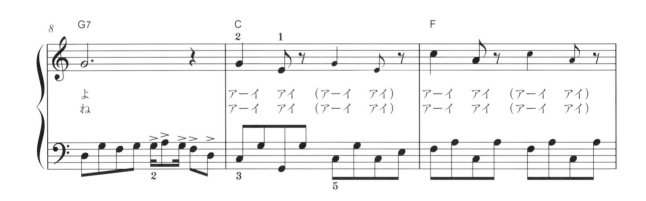

よ　　ね　アーイ　アイ　（アーイ　アイ）　アーイ　アイ　（アーイ　アイ）

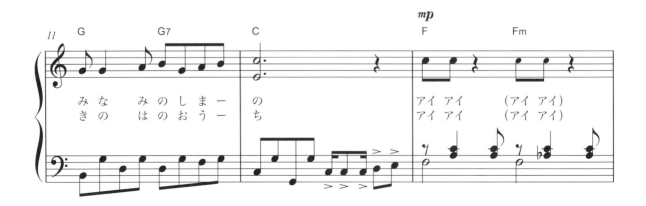

みな　みのしまー　のち　アイ　アイ　（アイ　アイ）
きの　はのおうー　ち　アイ　アイ　（アイ　アイ）

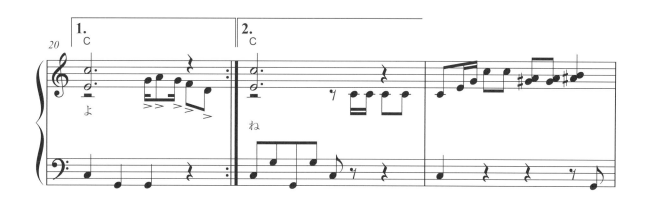

88. オバケなんてないさ

作詞：まきみのり
作曲：峯　陽

1. おばけ なんて いけ ないさ おばけ なんて う そ さ
2. ほんと と に おばけ が で て き た ら どう しよう
3. だけど とも だ ち に な れ だ ら け だ っ て
4. おばけ の おど くと お ば け
5. おばけ の とく に

み まちがえ た の さ　だけどちょっとだけどちょっと　ぼ くだって こわいな
か ちかちに しちゃおう
お やつを たべ よう
び っくりする だ ろう
お ふろに はい ろ う

おばけなんてないさ　おばけなんてうそさ

おばけなんてうそ　さ

COLUMN

歌詞の理解

　歌唱する際、音程やリズムが正確であることも重要ですが、それだけでは不十分です。その楽曲で歌われている情景や人物の心情を想像し、それに合った歌い方をすることがよりよい表現につながります。例えば、「46. 虫のこえ」では、虫の鳴き声は小さく、人物の心情（ああ面白い）は大きく歌うよう強弱記号が付されています。また、「88. オバケなんてないさ」では、「オバケなんて嘘さ」と強がっている箇所と「だけどちょっと」と不安になる箇所では強弱が異なります。このような強弱記号だけでなく、声音や顔の表情までも変化させることが演奏者には求められます。様々な事象や情景を想像することはもちろん、人物の心情への理解や共感がなければ、ただ発声しているだけに過ぎません。現代では、コンピュータに歌を歌わせることのできる時代です。しかし、歌詞の内容を理解し、情感を込めて歌うことは人間にしかできません。それぞれの楽曲で歌われている情景や心情をどのように表現するのか考え、それを表出しようとしなければ、各曲の魅力を子ども達に伝えることはできないでしょう。

89. 南の島のハメハメハ大王

作詞：伊藤アキラ
作曲：森田公一

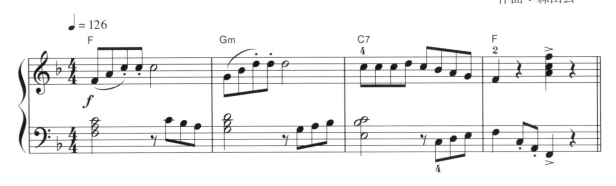

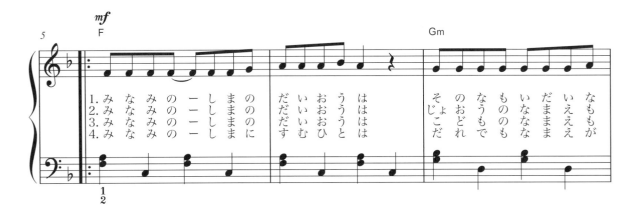

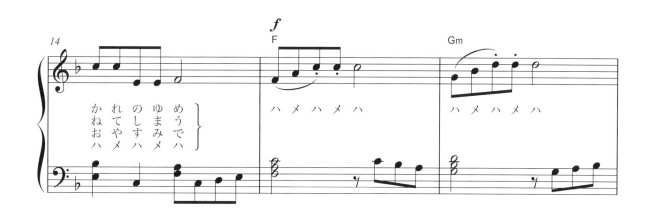

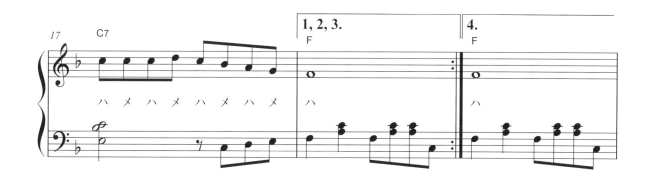

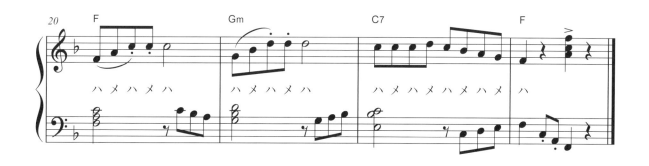

PLUS ALPHA

子音の発音

　日常会話では子音の発音が弱いため、歌唱の際に同じように発音をしていては聴き取りにくいという問題があります。保育士や教師は歌唱の際、後ろにいる子どもにも明瞭に歌詞を伝えることが求められます。そのためには、日常会話よりも子音をやや誇張して発音するとよいでしょう。

　詳細は専門書に譲るとして、ここでは、特に気を付けるべき子音について触れます。[t], [s], [h] などは、歌唱の際に特に聞き取り難いのでやや強めに発音したり、言葉の冒頭で用いられている場合は、一瞬早く準備をして発音するなどの工夫が必要となります。[d] は、発音の前に [n] を意識するとはっきりとします。[g] は言葉の冒頭にあればはっきりと発音し、語中や語尾にある場合は [ng] と発音するようにします（鼻濁音）。

90. とんでったバナナ

作詞：片岡　輝
作曲：櫻井　順

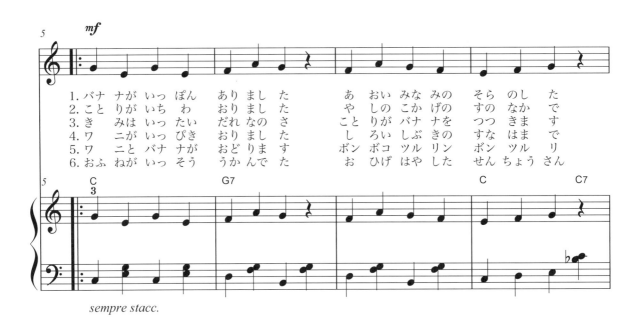

sempre stacc.

とびとびとびにあけ
でっこんしきででて
たただたたら
バはたおババ
ナねべひナナ
ナもらさナナ
はなれまはが
どいちゃにどスポ
このなんにこン
へにてこへと
いっんないいっとび
たわてこてたこ
かりっんかん
なこたきなだ

1, 2, 3, 4, 5.

バナナンバナナン　バ　ナ　ー　ナ

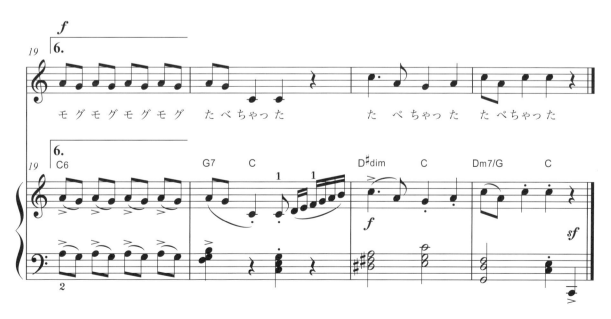

6.

モグモグモグモグ　たべちゃった　　　た　べちゃった　たべちゃった

91. 手のひらを太陽に

作詞：やなせたかし
作曲：いずみたく

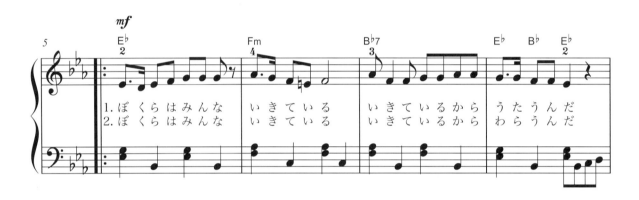

1.ぼくらはみんな　いきている　いきているから　うたうんだ
2.ぼくらはみんな　いきている　いきているから　わらうんだ

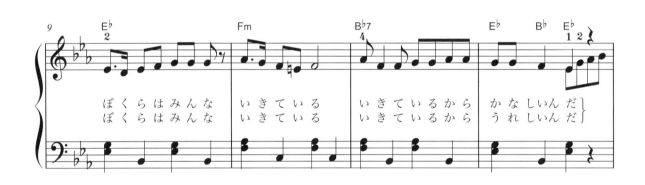

ぼくらはみんな　いきている　いきているから　かなしいんだ
ぼくらはみんな　いきている　いきているから　うれしいんだ

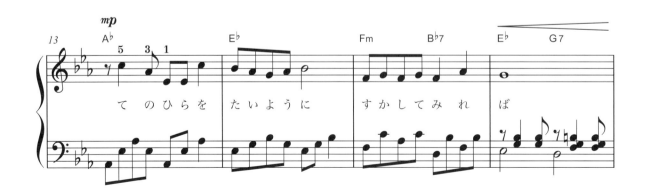

て　のひらを　たいように　すかしてみれ　ば

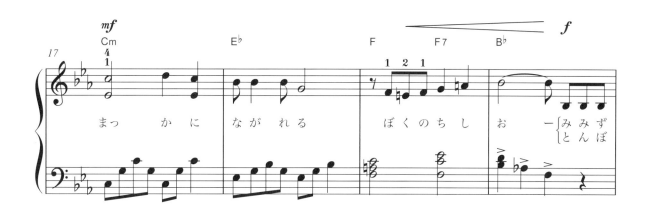

まっかに　ながれる　ぼくのちし　お　一{みみず / とんぼ

だって　おけら　だって　あめんぼだって　て}
だって　かえる　だって　みつばちだっ　て}

みんなみんな　いきているんだ　ともだちなん　だ

PLUS ALPHA

「ー」の歌い方

　歌詞の中に時々「ー」が出てきますが、これは「長音符・音引き・伸ばし棒・棒引き」などと呼ばれている記号です。歌詞では、タイで結ばれた音、または一文字に対して高さが異なる2つ以上の音が用いられている場合に使われます。前者の場合はタイでつながっているだけなので、特に問題はありませんが、後者の場合にはちょっとした技術が必要です。譜例①の矢印のように音をずり上げるように歌うと演歌調になってしまうので、②のように音の移り変わりがはっきりするように歌うことが望まれます。そうするには、直前の仮名の母音を軽く発音するとよいでしょう（③の場合、「は」の母音「あ」）。

譜例2：「春の小川」の冒頭

① は　ー　る　の

② は　ー　る　の

③ は　ぁ　る　の

愛唱歌
Level 4

92. きのこ

作詞：まど・みちお
作曲：くらかけ昭二

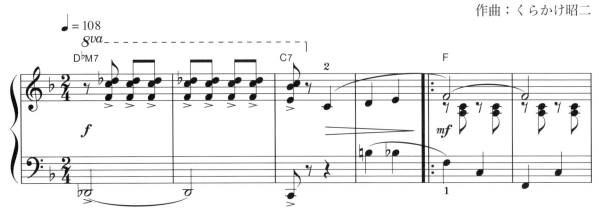

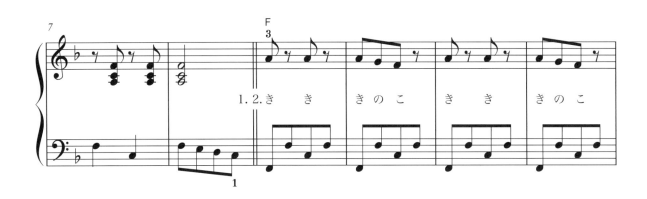

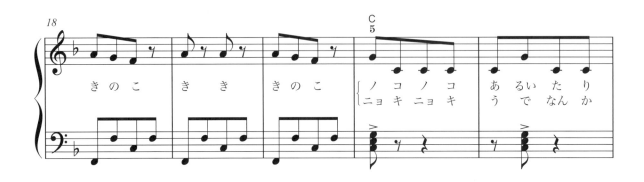

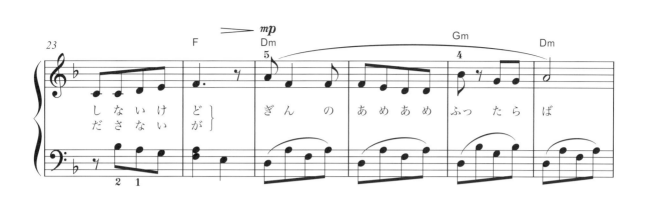
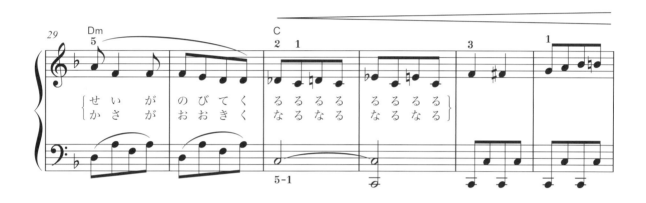
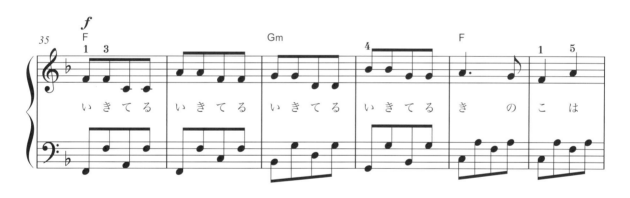
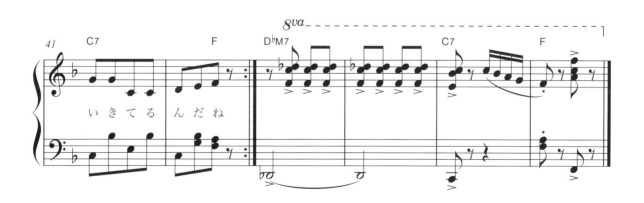

93. ぼくのミックスジュース

作詞：五味太郎
作曲：渋谷　毅

1. おはようさーんの　おおごえと
2. ともだちなかよし　うたごえと
3. あのねーそれでねの　おはなしと

キラキラキラ　の　おひさまと　それにゆうべ　の
スカッとはれた　おおぞらと　それにけんか　の
ほんわかおふろの　いいきもちと　それにひざこぞうの

こわいゆめ　みんなミキサーに　ぶちこんで
べそっかき　みんなミキサーに　ぶちこんで
すりきずを　みんなミキサーに　ぶちこん　で

愛唱歌
Level 4

94. あわてん坊のサンタクロース

作詞：吉岡　治
作曲：小林亜星

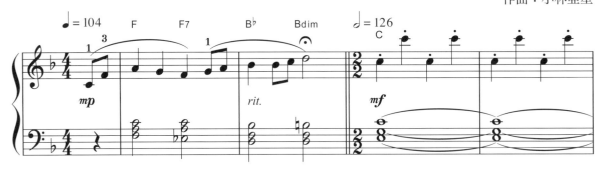

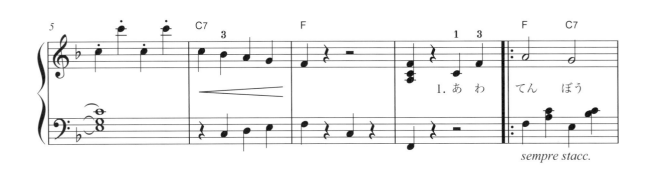

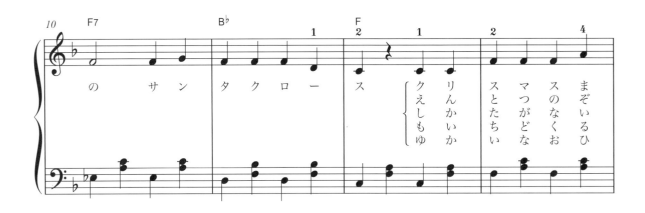

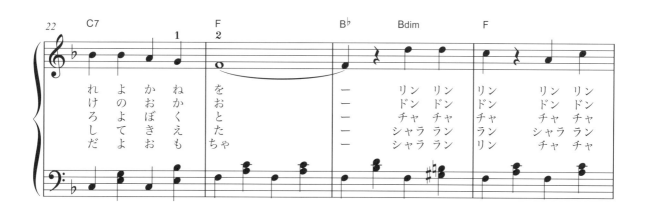

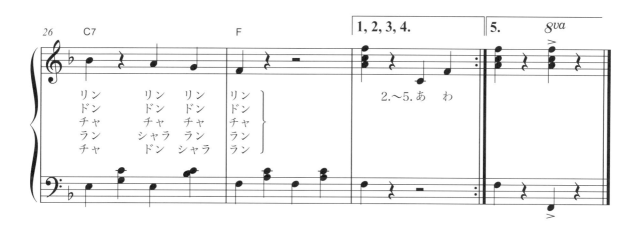

愛唱歌
Level 4

95. 世界中のこどもたちが

作詞：新沢としひこ
作曲：中川ひろたか

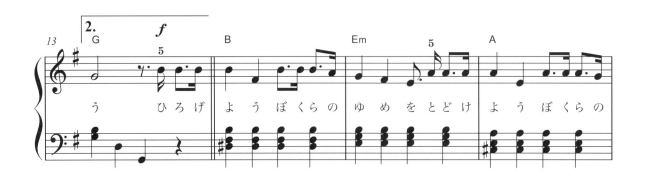

96. ハッピーチルドレン

作詞：新沢としひこ
作曲：中川ひろたか

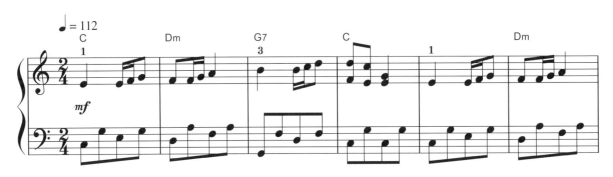

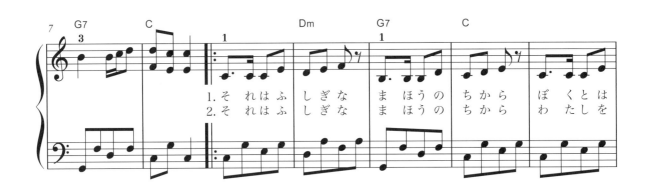

1. それはふしぎなまほうのちからぼくとは
2. それはふしぎなまほうのちからわたしを

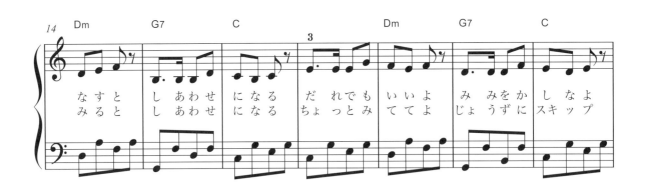

なすとしあわせになるだれでもいいよみみをかしなよ
みるとしあわせになるちょっとみててよじょうずにスキップ

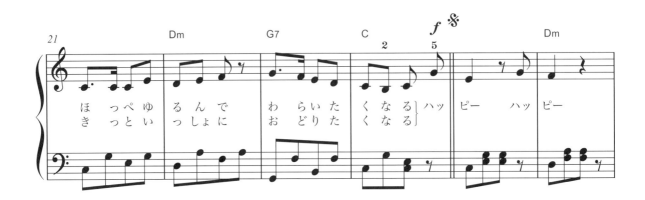

ほっぺゆるんでわらいたくなる｝ハッピーハッピー
きっといっしょにおどりたくなる｝

COLUMN

「そんな方法はありません」

音楽の初回授業の際、これから授業を進めるにあたり何か要望がないか学生に確認すると、（主に教員養成課程の学生から）次のようなことを言われることがあります。

「子ども達みんなが音楽を好きになる方法を教えてください」

私はそれに対して「そんな夢のような方法があるなら、私が知りたいです」と返答し、さらにこう付け加えます。

「全員が音楽好きになるような完璧な方法など存在しませんが、絶対条件ならあると思っています。それは保育士や教師自身が音楽を愛好する心情を持ち、子ども達にその楽しさや美しさを伝えたいと、心から願っていることです」

子ども達は、周囲の環境や大人から強い影響を受けながら成長していきます。保育士や教師等が音楽好きで、ともに楽しむ環境にあるならば、自然と音楽好きになる可能性は高まります。指導方法を学ぶこともももちろん必要ですが、何より自分自身が音楽愛好者になることが大切です。

97. アンパンマンのマーチ

作詞：やなせたかし
作曲：三木たかし

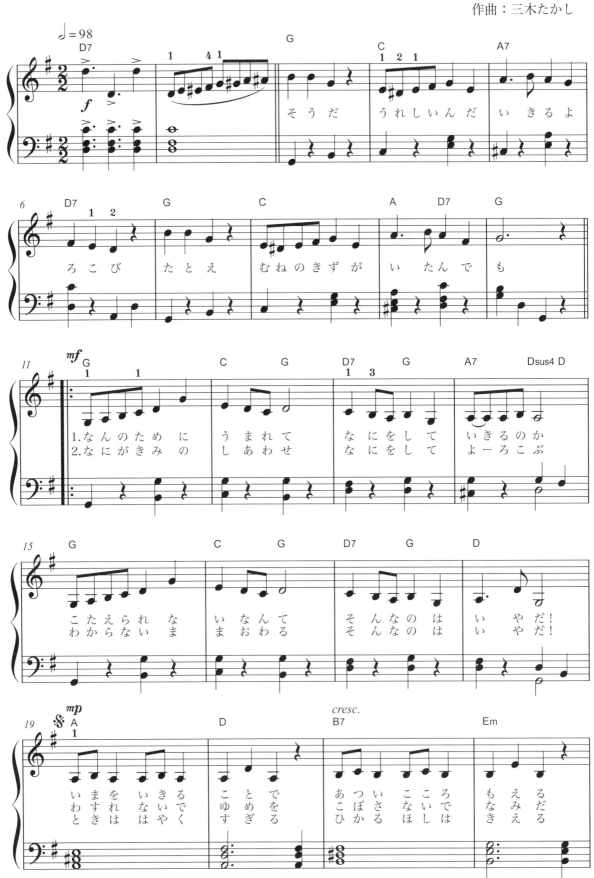

愛唱歌
Level 4

98. さんぽ

作詞：中川李枝子
作曲：久石　譲

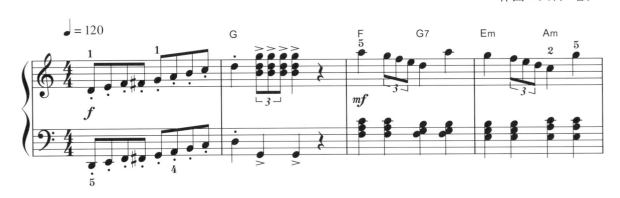

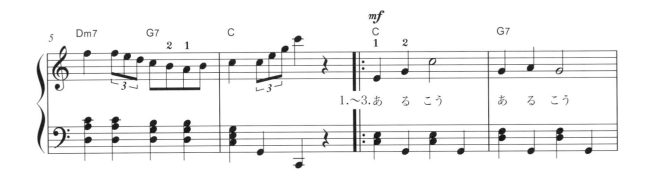

1.～3.あ　る　こう　　あ　る　こう

わたしは げん き　　あるくの ー だいす き

どんどんいこ　う

さ　か　み　ち　ー　　トンネルー
み　つ　ば　ち　ー　　ぶ　ん　ぶん　ー
き　つ　ね　も　ー　　た　ぬき　も　ー

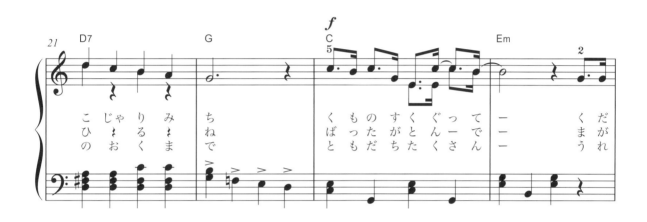

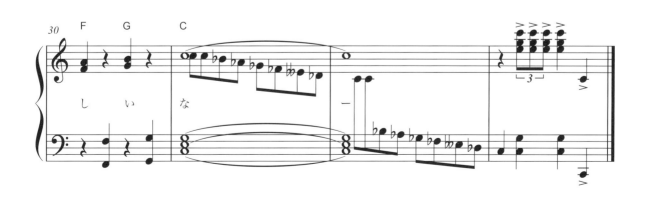

愛唱歌
Level 4

99. 小さな世界

作詞・作曲：R. M. Sherman
& R. B. Sherman
日本語詞：若谷和子

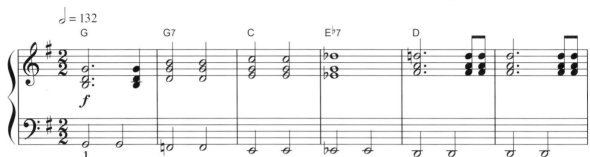

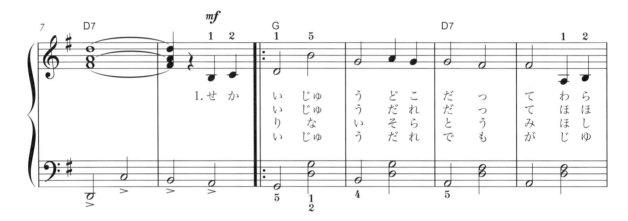

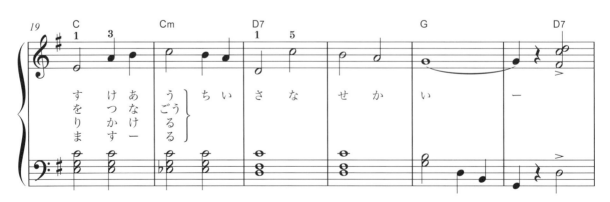

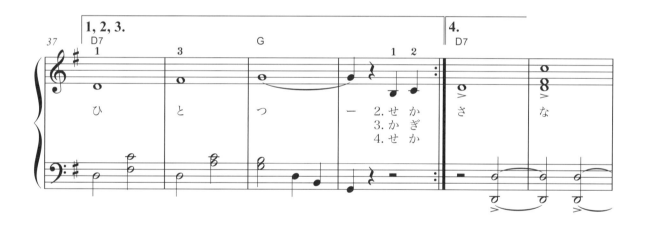

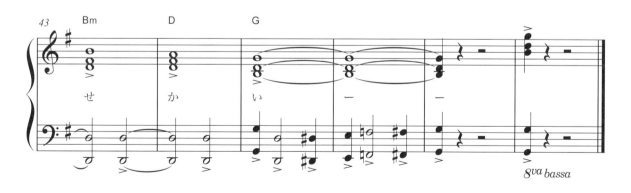

100. ミッキーマウス・マーチ

作詞・作曲：J. Dodd
訳詞：漣　健児

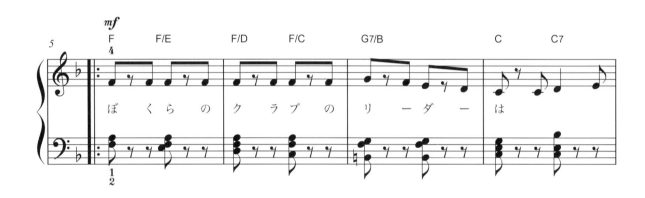

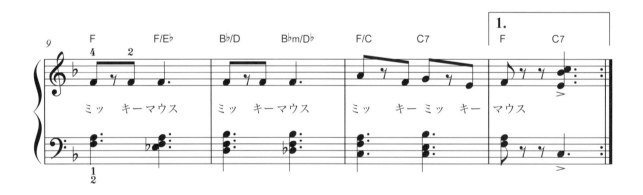

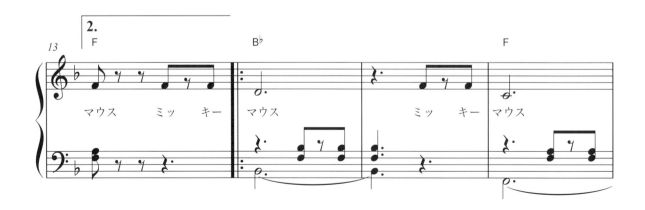

233

2-3. コード伴奏（伴奏パターン集）

　236ページ以降のコード伴奏用の楽譜（ピアノ用）は、左手が空白になっています。理論編第7章内の「7-3.転回形」や「7-8.コードネーム」を参照しながら、自分で伴奏を作成してみてください。左手の伴奏には、様々な楽曲で用いられているパターンが複数あります。それぞれのパターンによって曲調が変化するので、楽曲や旋律に相応しい伴奏パターンを選ぶことも重要です。以下に、伴奏パターンをいくつか紹介するので、コード伴奏の際に参考にしてください。

① 2/4拍子

　Ⓐは根音だけを弾く形です。もっとも簡単に弾くことができますが、伴奏の豊かさには欠けます。緊急性を要するとき以外は、あまり採用しない方がよいでしょう。Ⓑは三和音を同時に弾くので、Ⓐよりも格段に伴奏が豊かになります。和音を単調に伸ばしているので穏やかな曲には適していますが、例えばリズミカルで軽快な曲には向かない形です。

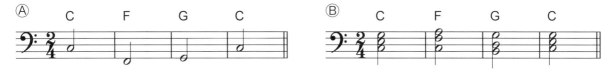

　Ⓒは、力強い、元気のよい楽曲に適した形です。例えば、行進曲などはその典型でしょう。歌詞の内容において、子ども達が主人公となっているような楽曲では頻繁に用いられます。Ⓓは、Ⓒと同じ4分音符ですが和音を分けています。こちらも元気のよい楽曲に適していますが、Ⓒよりもやや軽快な感じになります。生活の歌などでよく用いられています。

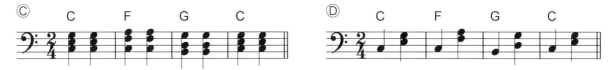

　Ⓔは「アルベルティ・バス」と名付けられている伴奏形です（理論編第7章「7-9.分散和音」を参照）。ⒻはⒺを山形に変化させたものです。どちらも、滑らかな旋律に適しています。Ⓖは同じ8分音符ですが、滑らかさとは真逆でかなり軽快な感じになります。最初の単音を強く、続く重音を軽く弾くよう心がけましょう。全て強く弾いてしまうと軽快さが失われて、重く雑な雰囲気になってしまいます。Ⓗは全て3連符で、ⒺやⒻと同様に滑らかな旋律に適しています。旋律に3連符が多様されているような楽曲であれば、この形を用いるのもよいでしょう。

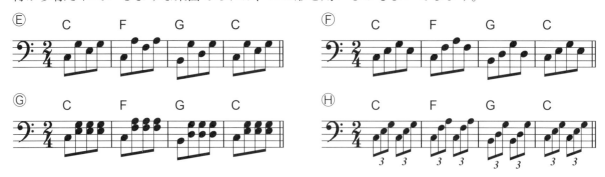

　Ⓘはスラーを付けて比較的滑らかに弾くことの多い形です。

② 3/4拍子

前ページの2/4拍子と類似する形は割愛し、ここでは3拍子ならではのパターンを紹介します。

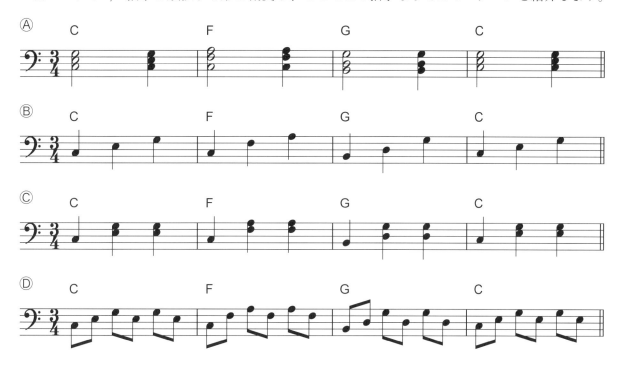

③ 4/4拍子

4/4拍子は、2/4拍子の2倍と考えることができます。ですから、伴奏パターンの多くは前ページを参考にすればよいでしょう。ここでは4/4拍子ならではのパターンを紹介します。

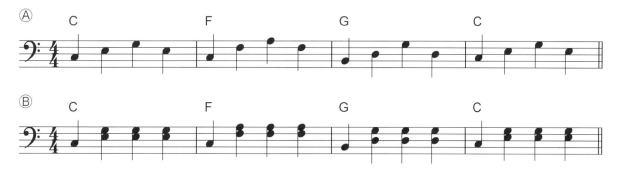

④ 6/8拍子

6/8拍子は、子どもの歌ではほとんど出合わない拍子ですが、代表的なパターンを2例紹介しておきます。

春の小川

作詞：高野辰之
作曲：岡野貞一

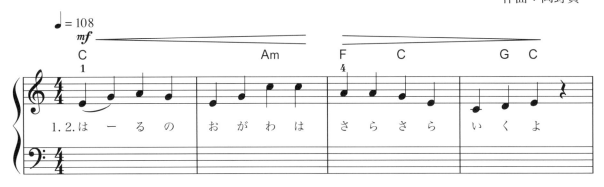

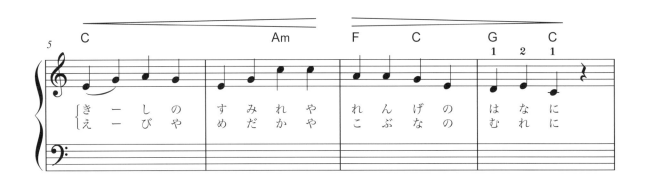

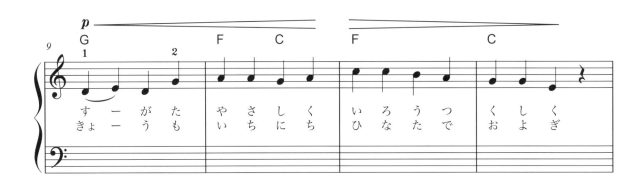

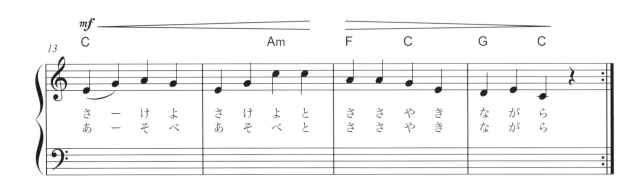

春の風

作詞：和田徹三
作曲：広瀬量平

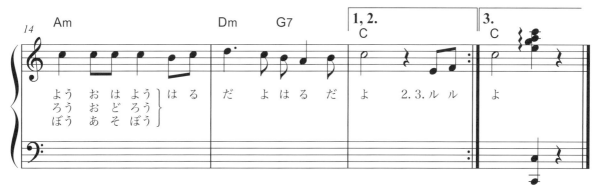

おうま

作詞：林　柳波
作曲：松島つね

はと

文部省唱歌

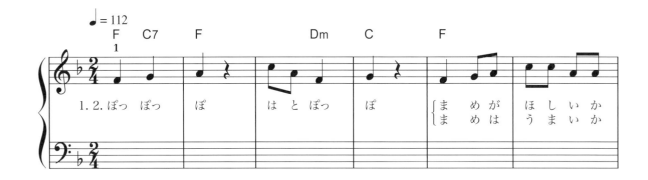

今日の日はさようなら

作詞・作曲：金子詔一

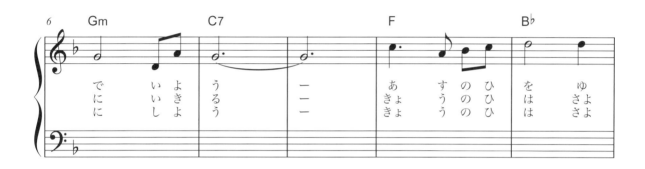

つき

文部省唱歌

豆まき

作詞・作曲：日本教育音楽協会

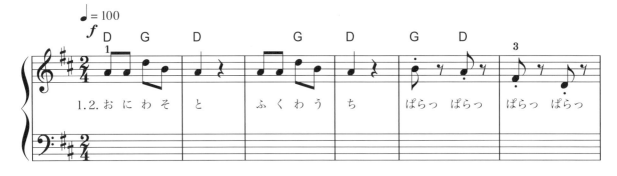

小鳥のうた

作詞：与田準一
作曲：芥川也寸志

1.2.こ と り は とっ て も　う た が す き　かあ さん よぶ の も　とう さん よぶ の も

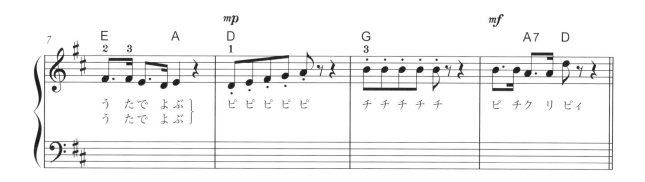

う た で よぶ　う た で よぶ　ピ ピ ピ ピ ピ　チ チ チ チ チ　ピ チク リ ピィ

コード伴奏課題曲

茶つみ

文部省唱歌

1. な つ も ち か づ く は ち じゅ う は ち や ろ
2. ひ よ り ち つ づ き の きょ う こ の ご ろ や を

の に も ろ や の ま に か に わ か ば が う し げ る う
こ こ ろ や の ま ど か に わ つ み つ つ し う た る う

あ れ に よ み え る は め ちゃ つ み じゃ な な い か
つ め よ み つ め つ め つ ま ね ば な な ら ぬ

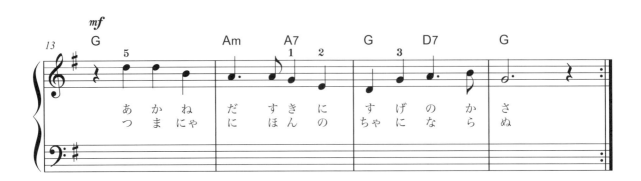

あ か ね だ に す き に す げ の の か ら さ ぬ
つ ま にゃ に ほ ん の ちゃ に な か ら

実践編
第3章
器楽合奏

　楽器は、声では出せない音色、音域、音量を奏でることができます。歌唱に加え、楽器演奏を経験することは、音楽を楽しむ幅が大きく広がると考えられます。また、楽器という「道具」を扱い合奏するという行為は脳の活性化を促進するといわれており、子ども達の様々な感覚や器官の発達にもよい影響があります。加えて、多人数で一つの音楽を作り上げていく合奏体験は、社会性や協調性、協働性、コミュニケーション能力の発達につながると考えられています。

　このように器楽合奏には様々な利点があるため、積極的に保育・教育の場で取り入れてもらいたいものです。しかし、「難易度の高い楽曲を演奏させることができた」とか、「コンクールでよい結果を得た」等々、指導者は決して目先の成果ばかりに気を取られてはいけません。それは子どものためではなく、指導者のための活動になっているからです。もっとも重要なのは、子ども達が心から音楽を楽しいと感じ、生涯にわたって音楽を愛好する心情を持てるようにすることだと思うのです。

3-1. 指導者の役割

保育・教育現場において器楽合奏を実施する際、指導者が果たすべき役割は多岐にわたります。

① 子ども達の発達段階やそれまでの音楽経験等を考慮した指導計画の作成

指導者は、対象者の年齢や楽器経験の有無、音楽的能力、(行事での発表やコンクール出場の場合) 本番までの練習時間を考慮した上で、ねらいや到達目標を設定する必要があります。

器楽合奏をする目的は、あくまでも合奏体験を通して子ども達に身に付けてもらいたいものの獲得でなければなりません。本章の冒頭でも触れたように、器楽合奏を通して得られるものは多いですが、それらは目に見える成果ではなく子ども達の内面で起きていることばかりです。自らの指導力の高さを誇示するために高い目標を設定し、強引な指導をするようなことは慎むべきです。

② 子ども達の発達段階に合った楽器及び楽曲の選択

カスタネットや鈴など小物の打楽器は低年齢児でも比較的扱いやすいですが、バスドラムやシンバルなど大物の打楽器はやや年齢が上がってからでないと扱いが困難です。また、鍵盤ハーモニカや鍵盤打楽器のように旋律や和音を奏でることのできる楽器は、その奏法の習得にある程度時間を要するので要注意です。

選曲の際は、楽曲の長さや各パートに用いられているリズムパターンに注意を払う必要があります。年齢が低いほど楽曲は短く、またリズムパターンは単純なものが繰り返されている曲が適しています。

③ 楽器の購入、維持、管理

子ども達の人数分、取り扱う楽曲に必要な楽器が揃っているか確認し、必要に応じて購入します。トライアングルのビーター(楽器を叩く金属製の棒)やスネアドラムのスティックなど紛失しやすい物、スネアドラムやバスドラムのヘッド(鼓面)といった消耗品の交換などは常に意識し、適切に管理することが重要です。いざ練習や本番を迎える際に使用できないようでは問題です。何よりも指導者が楽器を大切に扱う姿勢を子ども達に示すことで、子ども自身も楽器を丁寧に扱うようになります。

④ 奏法及び合奏の指導

指導者は、全ての楽器の奏法を把握し、子ども達に手本(範奏)を示すことが求められます(本章「3-3. 無音程打楽器とその奏法」及び「3-4. 有音程打楽器とその奏法」を参照)。きっと子ども達は様々な楽器に興味津々で、自ら音を出すことに楽しさを見出すことでしょう。その気持ちは大切にしなければなりません。指導冒頭から技術面での向上ばかりに拘ってしまうと、子ども達の興味関心が減退する危険性があります。決して焦ることなく、最初は楽器で楽しくリズム遊びをするところから始めるとよいでしょう。

指導者は合奏指導の際、演奏する楽曲の総譜(スコア[Score]:全パートが記載されている楽譜)の内容を把握し、子ども達に各パートの入りやリズムなどを的確に指導する能力が求められます。また、上手くできない子どもに対して、適切なアドバイスをするための知識も必要です。

⑤ その他

・指導体制の構築(他の保育士や教師との連携)
・(外部講師を招く場合)講師への依頼と打ち合わせ
・(必要に応じて)近隣住民への説明と理解を得ること
・園・学外での発表を予定している場合、会場確保と施設側との打ち合わせ。プログラムの作成。移動用バスや楽器運搬用トラックの手配。(必要に応じて)ユニフォームの手配。コンクールの場合は、出場申し込み等々。

3-2. 指揮法

　唯一「音を出さない音楽家」、それが指揮者です。一見すると演奏者の前で格好よく腕を振っているだけで、誰にでもできそうに思われがちです。しかし、その動きでリズムやテンポ、楽曲をどう表現するのか示す重要な役割を担っており、多人数で演奏する際の「要」です。ここでは、その役割と基本的な動作について簡潔に説明します。まずは、役割から確認しましょう。

① 演奏を整える

　全員が揃いまとまりのある演奏にするためにもっとも重要なのは、全員が同じテンポで演奏できるよう拍（ビート）を示すことです。それでも、各パートや同一パート内で揃わないことは多々あります。揃わない原因を的確に判断し、改善のためのアドバイスをします。また、総譜（スコア）と異なる演奏をしている者やパートに、誤りを指摘することも必要です。全体の音量バランスなどにも注意し、各パートに強弱の指示をすることもあります。そうした練習を繰り返すことにより、バラバラだった演奏が徐々にまとまっていきます。

② 楽曲をどう表現するのか伝える

　演奏者個々が楽曲に抱くイメージは様々です。これを統一しなければ、まとまりのある演奏にはなりません。指揮者は、総譜（スコア）をよく読み、作曲者が求めているものを感じ取るとともに、楽曲の背景などの知識も踏まえながら、その楽曲をどう表現するべきか方向性を指し示す必要があります。練習中、演奏者に対して、それを言葉で、時には自らが歌って聴かせて、全員が統一した表現になるよう促します。演奏中は声に出したり歌ったりすることはできないので、バトンテクニックといわれる左右の手や腕の動作、また顔の表情などでそれを伝えます。

　次に基本動作です。左右の手で役割が異なります。

③ 右手

　基本的には指揮棒を持ち、次ページ図1〜3のように拍（ビート）を示します（棒を持たない指揮者もいますが、プロではなく子ども達が奏者の場合、棒によって拍をわかりやすく示した方がよいでしょう）。その棒も、拍だけでなく振り方によって曲調も表現します。例えば行進曲のように元気よく勇ましい曲調であれば直線的で勢いよく、穏やかで優美な楽曲の場合には曲線的に振るといった感じです。また、振り方の大小によって強弱も表します。

　それから、演奏者に先行して、拍や表情を示します。例えば、4拍子で1拍目から始まる曲の場合、その1拍目から振っても演奏者はタイミングをつかめず入れません。この場合、3・4拍目（または4拍目のみ）を空振りして入りを示します。また、急に大きく演奏してもらいたいときなど、その拍から大きく振ったのでは遅く、1〜2拍前から動作を大きくして、次に何を求めているのかわかるようにします。

④ 左手

　楽曲の表情を豊かに表現するために用います。クレシェンド（しだいに強く）のときは、手の平を上にして腕全体を徐々に上げていきます。デクレシェンドまたはディミヌエンド（しだいに弱く）のときはその逆で、手の平を下にして徐々に下げていきます。特定のパートにもっと強く音を出してもらいたいときには手首を回し、逆にもっと弱くしたいときには手の平を下にして腕を下ろし抑えるポーズをします。

　あるパートが曲の途中から入る場合には、「アインザッツ（ドイツ語：Einsatz）」という合図を出します。そのパートに左手を向け、入るべき拍の1〜2拍前に拍を刻んでタイミングを示します。

　音を切ったり、曲を終えるときにも左手を用います。手の平を大きく開き、手首や腕を右または左に回転させながら、全ての音を握りしめるイメージで最後に硬い拳を作ります。

図1：2拍子 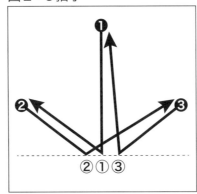 図2：3拍子 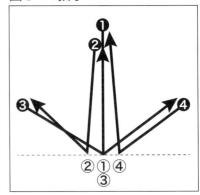 図3：4拍子

●数字は、各拍の振り始めの位置、○数字は拍を刻む位置（メトロノームでいえば音が鳴る位置）を表しています。指揮者の身体の前には目に見えない線（上図では横点線）があり、常にその中心付近を指揮棒が叩いているとイメージしてください。点線位置に指揮棒が到達し矢印方向に跳ね上がる、その瞬間拍が刻まれたことを意味します。

英語で1拍目のことを「Downbeat」といいます。これは、1拍目に振り下ろされる指揮の動作が由来といわれています。

※6拍子の振り方については、割愛します。

3-3. 無音程打楽器とその奏法

3-3.と3-4.では、子ども達の器楽合奏でよく使用される打楽器について、その奏法を中心に紹介していきます。まずは、「無音程打楽器」。これらは、その名の通り特定の高さの音がありません。音の高さを表す必要がないため、楽譜は五線譜ではなく一本線の「リズム譜」が用いられます（本章「3-5. 器楽合奏の実践」を参照のこと）。

① タンブリン

この楽器名称を「タンバリン」と記憶している人が多いかもしれませんが、文部科学省の「教育用音楽用語」では「タンブリン」と表記されています。そのため、教科書ではこちらに統一されています。なお、膜の張ってあるものを「タンブリン」、膜のないものを「モンキー・タンブリン」といいます。

枠の一部に穴があり、楽器を持つ際ここに指を入れようとする子どもがいますが、これは怪我をする原因になるため注意が必要です。正しい持ち方は、非利き手の親指をヘッド（鼓面）の縁に置き、握るようにします（写真1）。ヘッドを打つ際、楽器はほぼ水平かやや内側に傾け、利き手は指をすぼめます（写真2）。大きな音を出すときにのみ、手の平で打ちます（ヘッドは強く打ち過ぎると破損する危険性があります）。ヘッドの中心付近を打つと、膜の振動音が強く、枠付近を打つとジングル（小さなシンバル状の部分）の音が強調されます。

その他に、ジングルの音を持続させる「シェイクロール（Shake Roll）」という奏法があります。楽器を身体に対して垂直にし、前腕を軸線にして左右に振ります。また、指の腹でヘッドをこする「サムロール（Thumb Roll）」という奏法もありますが、これは極めて高い技術が必要です。

写真1  写真2

② 鈴

保育・教育現場で一般的に使われているのはプラスチック製の丸型ですが、縦型のものもあります。どちらも非利き手で楽器を持ち、手首辺りを利き手の拳で叩きます（写真3）。縦型の場合、鈴が下向きになるよう柄の部分を握ります。

写真3

鈴もタンブリンと同様に、「シェイクロール」というトレモロ奏法（音を持続させる奏法）が可能です。シェイクという名の通り、手首をひねって楽器を振ります。

鈴の粒は、とても脆いので乱暴に扱うと破損する危険性があります。子ども達には、事前に注意を促すようにしましょう。

③ トライアングル

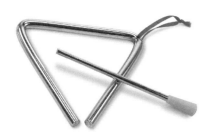

三角形の一角にひも、またはメーカー独自のホルダーが備え付けられているので、非利き手の人差し指を通して吊るすようにして持ちます。親指と中指で人差し指を挟み、薬指と小指は軽く添えます。楽器本体が振動体のため、指や手が触れると響きません（音を止めるときは、非利き手で握ります）。

「ビーター（楽器を叩く金属製の棒）」は、利き手の人差し指と親指で摘み、他の指は軽く添えるようにして持ちます。ビーターで打つ位置は、三角形の底辺中央付近です。金属同士のぶつけ合いで音を奏でるため、強く打つと耳障りな音になってしまうので注意が必要です。軽く打つと涼やかな音色になります。

この楽器もトレモロ奏法が可能です。口が開いていない角とは逆の角近くで、ビーターを素早く上下させて連打します。

④ カスタネット

非利き手の中指の付け根まで楽器本体の輪ゴムを通し、手の平で包み込むようにして持ちます（写真4）。

リズムを打つときは、利き手の指をすぼめた形にします。細かなリズムを打つときには、人差し指と中指で交互に打ちます。

本体の輪ゴムが緩んでくると写真のようにしっかりと開いた形を維持できなくなるので注意が必要です。

写真4

⑤ ウッドブロック

非利き手で柄の部分をしっかりと握り、前方にやや傾け、T字に見える向きで持ちます。その際、音程の高い方が右側にくるようにします。逆向きに保持すると、叩く位置に割れ目がきてしまい、よい音が出ません。

利き手にスティックか硬めのマレット（左写真のような球体（ヘッド）のあるばち）を持って筒の部分を打ちます。スティックは人差し指と親指で摘み、他の指は軽く添えるようにして持ちます。腕ではなく、手首を使って打つようにします。

⑥ マラカス

写真5

親指と人差し指で柄の部分を握り、他の指は軽く添えるようにします(写真5)。両手に一つずつ持ち、腰より少し上辺りで八の字に構えます。手首を使って軽く楽器を上げ、次の瞬間振り下ろしてリズムを刻みます。その際、中の粒を同時に下面に当てるよう意識しましょう。また、楽器を上げた際、粒が上面に当たらないよう注意しましょう。

写真6

楽器を垂直にし、手首を回して音を持続させるロール奏法もあります(写真6)。

⑦ ギロ

写真8

楽器本体を非利き手で軽く握るようにして持ちます。その際、共鳴孔(写真7)が下側になるように構えます。この孔は楽器内部の音を外部に響かせるためのものなので、構えた際に手でふさいだり、指を入れたりしないようにしましょう。

写真7

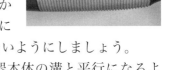

スティックを利き手に持ち、楽器本体の溝と平行になるよう構えます(写真8)。このスティックを上下させ、溝を擦ることによってリズムを刻みます。

この楽器の形状や大きさは様々で(写真のタイプが一般的ですが)、中にはカエル型のものもあります。

⑧ クラベス

楽器本体が発音体のため、しっかり握ってしまうと振動を妨げ、響きのある音が出ません。非利き手は指で摘むように保持し、手の平が楽器に接触しないようにします。利き手も軽く握るようにします。

写真9

非利き手は、楽器上面を空けるため下側から支えるようにして楽器を保持します。利き手は、上側から握り、写真9のように交差する形で構えます。非利き手側は動かさず、利き手側で打ちます。

⑨ ウィンドチャイム

吊り下げられた細い金属棒の部分を、指で優しく滑らせるようにして音を出します。楽譜上のグリッサンド(glissando)が上行形であれば金属棒の長い方から短い方へ、下行形なら逆方向に指を動かします。特に指定がなければ、どちら側から奏でても構いません。

響きを止めたいときは、楽器にダンパー機能が付いていればそれを用いますが、それがない場合は前腕を当てます。

⑩ クラッシュ・シンバル

楽器中央の手皮に手を通し、親指と人差し指で手皮の付け根を挟み、他の指で手皮をしっかりと握ります。手皮に手を通さない持ち方もありますが、演奏中に楽器の持ち替えが必要でなければ、手を通した方が安全です。

楽器は、非利き手側を下にして斜めに構えます。演奏する際、非利き手側は動かさず、利き手側を上下させます。楽器の重さを利用して落とすイメージで叩くとよいでしょう。

残響を止める際には、腹や胸に楽器を当てて振動を抑えます。

写真10

シンバルをスタンドに水平に立てたものをサスペンデッド・シンバルといいます（写真10）。両手にマレットを持ち、シンバルの縁辺りを叩きます（マレットの持ち方は、下記スネアドラムのスティックを参照）。

⑪ スネアドラム（小太鼓）

写真11　写真12　写真13

  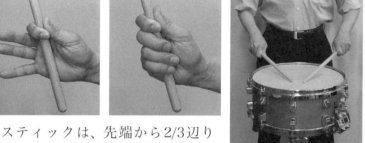

写真14

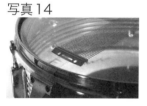

スティックは、先端から2/3辺りの位置を親指と人差し指で摘み（写真11）、他の指は軽く添えるようにします（写真12）。楽器の高さは、ヘッド（鼓面）が下腹部辺りになるように調節します。演奏する際は、手の甲を上にして、八の字になるように構えます（写真13）。手首を支点にスナップを効かせて打つのが基本ですが、強く打つ場合には前腕の動きで補助します。打った際の反動を利用して、左右交互に細かく連打するロールという奏法もあります（高度な技術が必要です）。

楽器裏側には響き線（スナッピー）が張られています（写真14）。側面にあるスイッチ（ストレイナー）で、張ったり緩めたりすることができます（楽器使用中以外は、必ず緩めておきます）。

⑫ バスドラム（大太鼓）

写真15

利き手にばち（バスドラムマレット）を持ちます。先端から2/3辺りを、親指を上にし他の指で柄を握ります（写真15）。

演奏する際は、利き手側に立ちます。小さな音や細かいリズムを打つときには、手首でスナップを効かせて、大きな音を奏でたいときは、肘を支点にして打ちます。

打つ場所によって、音色や残響が変化するので、楽曲に合った場所がどこか探るようにしましょう。

残響を止める際には、非利き手を使いヘッド（鼓面）を撫でるようにして振動を抑えます。

3-4. 有音程打楽器とその奏法

　ここからは、「有音程打楽器」を紹介します。音程があるので、旋律や和音を奏でることができます。楽譜は、通常の五線譜が用いられます。そのため、無音程打楽器よりも読譜力や音板を叩き分ける技術が必要となります。

① 木琴

　木琴は鍵盤打楽器で、木製の音板をマレットで打ち音を出します。写真は「シロフォン」です。他に「マリンバ」や子ども用(教育用)の木琴もあります。シロフォンは比較的硬い響きで音板下の共鳴パイプが短いのに対し、マリンバは音色が柔らかく深みがあり共鳴パイプが長いのが特徴です。

　演奏の際には両手にマレットを持ち、音板の中央付近を叩きます(マレットの持ち方は、前ページ「スネアドラム(小太鼓)」のスティックを参照のこと)。

② 鉄琴

　鉄琴は鍵盤打楽器で、音板が金属製であること以外は木琴と変わりません。写真は「グロッケンシュピール」です。他に「ヴィブラフォン」や子ども用(教育用)の鉄琴があります。グロッケンシュピールは硬くきらびやかな響きで音板下に共鳴パイプがありません。一方でヴィブラフォンは音色が柔らかく、その名の通りヴィブラートがかかった余韻の長い音を出すことができます(余韻の長さのコントロールは、足元のペダルを使用します)。

※マレットについて

　マレットには多くの種類があり、ヘッドの材質(ゴム、プラスチック、綿糸、毛糸、真鍮、木)・硬度・サイズ、柄の材質などが異なります。たとえ同じ楽器でも、使用するマレットの材質や硬度によって音色がかなり変化します。様々なタイプのマレットを用意し、楽曲に合った音色が出るものを探る必要があります。

③ ミュージックベル

　ハンドベルとは異なり、日本生まれで主に教育楽器として用いられています。

　一つ一つ音程の異なるベルを複数人で分担し、旋律や和音を奏でます(持ち手の先端に、音の高さを表す音名が記されています)。カップ部分が上になるよう構え、手首と前腕で軽く手前に振るようにして音を出します。

3-5. 器楽合奏の実践

　本章「3-3. 無音程打楽器とその奏法」と「3-4. 有音程打楽器とその奏法」で紹介した打楽器を用いて、実際に器楽合奏をしてみましょう。その際、演奏上の注意点や楽器の配置例を記載してあるので、参考にしてください。

器楽合奏曲
Score

たなばたさま

低学年合奏用

作詞：権藤はなよ
補詞：林　柳波
作曲：下総皖一

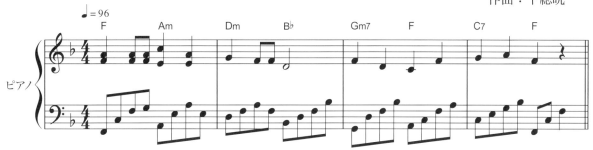

ピアノ

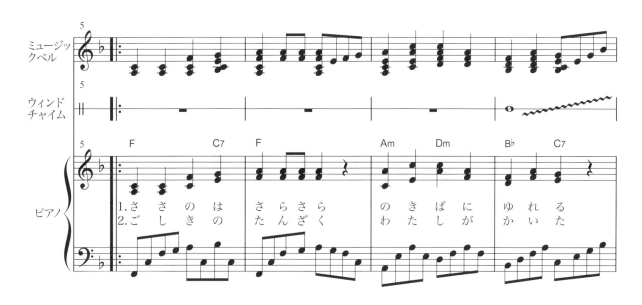

ミュージックベル

ウィンドチャイム

ピアノ

1.ささのは　さらさら　のきばに　ゆれる
2.ごしきの　たんざく　わたしが　かいた

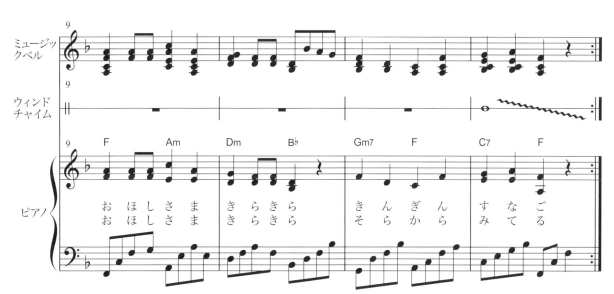

ミュージックベル

ウィンドチャイム

ピアノ

おほしさま　きらきら　きんぎん　すなご
おほしさま　きらきら　そらから　みてる

ミュージックベル使用音

A　B♭　C　D　E　F　G　A　B♭　C

「さんぽ」の演奏上の注意点：

Ⓐ1小節目：小太鼓・大太鼓とピアノ伴奏の合奏で始まります。打楽器の4分音符とピアノ伴奏の8分音符のタイミングがずれないように、同じテンポで始めましょう。

Ⓑ15小節目から：タンブリン、鈴、トライアングルの楽譜に「tr〰」があります。これは、トレモロ奏法の指示です。各楽器の奏法を本章「3-3. 無音程打楽器とその奏法」で確認してください。

Ⓒ15〜20小節目、23・24小節目：旋律の一部がタイでつながり、シンコペーションになっています。打楽器類で奏でる拍とは演奏のタイミングが合わないので注意が必要です。

Ⓓ15〜18小節：鉄琴がやや難しいかもしれません。その場合は、各小節の旋律（1拍目）と同じ音を全音符で演奏するよう変更して構いません。

Ⓔこの楽譜で合奏する際の配置は、図1のようにするとよいでしょう（楽器の配置は、原則スコアの並びと一致するようにします）。

図1：楽器配置例

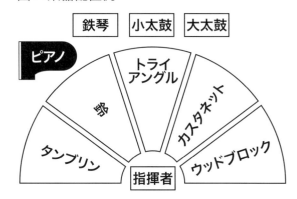

器楽合奏曲
Score

さんぽ
5歳児合奏用

作詞：中川李枝子
作曲：久石　譲

「アイアイ」の演奏上の注意点：

Ⓐ モンキータンブリンがない場合は、膜の張ってあるタンブリンで構いません。

Ⓑ 1小節目から：木琴を除く全ての楽器が同時に演奏を始めます。前走は特に、慣れるまでずれやすいので注意が必要です。タイミングが合わない場合は、まずピアノ伴奏の左手と大太鼓を合わせる練習をします。それが合うようになったら、他のパートを大太鼓を頼りに合わせるとよいでしょう。

Ⓒ 3・4・8・12・20小節目の3・4拍：小太鼓にピアノ伴奏と同じリズムが出てきますが、演奏困難な場合は、3拍目を4分音符、4拍目を休符に変更して構いません。

Ⓓ 最終小節：マラカスのロール奏法は、楽器の構えを変更する時間がないので、通常の構えのまま楽器を振ります。ギロは、リズムを気にすることなく4拍分素早く擦ってください。

Ⓔ この楽譜で合奏する際の配置は、図2のようにするとよいでしょう（楽器の配置は、原則スコアの並びと一致するようにします）。

図2：楽器配置例

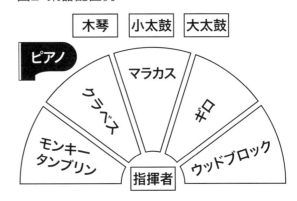

器楽合奏曲
Score

アイアイ
5歳児合奏用

作詞：相田裕美
作曲：宇野誠一郎

資料　ギターコード早見表

ギターコードの中で、使用頻度の高いものは覚えましょう。※種類の○には根音が入ります。

根音 ＼ 種類	● メジャー	●m マイナー	●dim ディミニッシュ	●aug オーグメント	●7 セブンス	●m7 マイナー セブンス	●6 シックス	●sus4 サスペンデッド フォース
A								
A#／B♭								
B								
C								
C#／D♭								
D								
D#／E♭								
E								
F								
F#／G♭								
G								
G#／A♭								

著者プロフィール
松本 岳志（マツモト タケシ）

（米国）ルーズヴェルト大学音楽学部卒業
横浜国立大学大学院教育学研究科修士課程修了
（私立）保善高等学校教諭
東京福祉大学短期大学部准教授

【楽譜浄書】筆者
【イラスト・デザイン・DTP】筆者
【写真提供】株式会社データクラフト「素材辞典 Vol.104〈楽器・演奏編〉」（ギター：p.105）
　　　　　　iStock by Getty Images（打楽器類：pp.246〜250）
　　　　　　松本久仁子（手：pp.102〜103）
　　　　　　筆者（打楽器類の奏法：p.104、pp.106〜109、pp.246〜249）

保育者・小学校教諭を目指す人のための
音楽表現基礎　理論と実践の統合

令和4（2022）年9月30日　初版第1刷発行

著　者：松本 岳志
発行者：竹鼻 均之
発行所：**株式会社みらい**
　　　　〒500-8137　岐阜市東興町40番地　第5澤田ビル
　　　　TEL　058-247-1227（代）
　　　　FAX　058-247-1218
　　　　URL　https://www.mirai-inc.jp
印刷・製本：サンメッセ株式会社

日本音楽著作権協会（出）許諾第 2206768-201 号

本書籍は、令和4年9月17日に著作権法第67条の2第1項の規定に
基づく申請を行い、同項の適用を受けて作成されたものです。

（株）ヤマハミュージックエンタテインメントホールディングス
出版許諾番号　20222645 P
（許諾の対象は、弊社が許諾することのできる楽曲に限ります。）

ISBN978-4-86015-588-9　C3073